Verena Euler

TURBO TEACHER

Deutsch 7

Gymnasium

Klett Lerntraining

Verena Euler ist Deutschlehrerin in Hessen.

Textnachweise:
S. 89, 147: Heinz Erhardt: Die Made, aus: Das Große Heinz Erhardt Buch, Lappan Verlag, Oldenburg 2000; S. 90: Sarah Kirsch: Bäume, aus: Katzenleben, DVA Verlag München 1984; S. 92: Ingrid Kötter:Nasen kann man so und so sehen, aus: Arbeitstexte für den Unterricht – Deutsche Kurzgeschichten II 7./8. Schuljahr, hrsg. von Günter Lange, Reclam Verlag, Leipzig 2006.

Bibliografische Information der Deutschen Nationalbibliothek

Die Deutsche Nationalbibliothek verzeichnet diese Publikation in der Deutschen Nationalbibliografie; detaillierte bibliografische Daten sind im Internet über http://dnb.d-nb.de abrufbar.

Auflage 4. 3. 2. 1. | 2013 2012 2011 2010

www.klett.de/lernhilfen; www.turboteacher.de
Die Laufzeit des Online-Angebots www.turboteacher.de wird gewährleistet bis 2015.

Herausgeber: Marco Bettner, Dr. Eric Dinges
Redaktion: Elke Hufnagel, Berlin
Redaktionsassistenz: Verena Malmsheimer, Stuttgart
Umschlaggestaltung: Willy Löbl, Stuttgart
Figur Turbo Teacher: Simone Bucher, Stuttgart
Innengestaltung: Sabine Kaufmann, Stuttgart
Satz: Klaus Bauer, Bondorf
Druck: Mediahaus Biering, München

Printed in Germany

ISBN 978-3-12-927187-2

9 783129 271872

Inhalt

So übst du mit diesem Buch

Liebe Schülerin, lieber Schüler,

turboschnell supergute Noten in Deutsch bekommen – hast du dir das auch schon mal gewünscht? Dann bist du mit dem Turbo Teacher schon mal auf dem richtigen Weg. Selbst wenn „turboschnell" vielleicht nicht „über Nacht" bedeutet:
Dieses Buch hilft dir dabei, deine ganz persönlichen Lücken zu erkennen und gezielt nur die Bereiche zu lernen, in denen du noch nicht so sicher bist. Das spart dir eine Menge Zeit, denn das, was du schon kannst, brauchst du auch nicht mehr zu üben. Klingt logisch, oder?

Und so gehst du am besten vor:

- Weißt du schon, mit welchen Bereichen du Probleme hast? Dann such dir das entsprechende Kapitel im Inhaltsverzeichnis heraus. Falls du nicht so genau weißt, woran es hängt, fang einfach im ersten Kapitel an.

- Beginne jedes Kapitel mit dem **Diagnosetest**.
  Du kannst ihn online unter **www.turboteacher.de** oder im Buch machen. Wenn du die Testaufgaben löst, merkst du vielleicht schon, welche dir leichter fallen als andere.

- Schlage dann im Lösungsteil nach. Hier siehst du, wie viele Punkte du für jede richtige Lösung bekommst. Wenn du die Punkte in die Tabelle einträgst, kannst du für jeden Lernbereich **genau ablesen**, ob du hier noch üben musst oder ob du schon richtig gut bist.
  Wenn du den Test **online** machst, erledigt das **Programm die Auswertung** für dich.

- Übe dann nur die Bereiche, die du noch nicht so gut kannst. Die Tabelle sagt dir, wo du die entsprechenden Aufgaben findest. Lege dir dazu am besten ein Übungsheft an. Merkkästen fassen dir das Wichtigste zu dem Bereich übersichtlich zusammen.

- Wenn du dich in allen Bereichen fitter fühlst, mach den **Abschlusstest** am Ende des Kapitels! Auch hier gibt es wieder eine Tabelle, in die du deine Punktzahl eintragen kannst. So ist es wirklich turboeinfach, deinen Lernfortschritt zu sehen und selbstbewusst in die nächste Klassenarbeit zu gehen.

Viel Erfolg mit diesem Buch wünscht dir der Turbo Teacher!

1 Pronomen

Mit Pronomen kann man in einem Text viele Bezüge herstellen, ohne sich wiederholen oder umständlich formulieren zu müssen. In diesem Kapitel übst du den Gebrauch wichtiger Pronomen. Bestimmt kannst du anschließend tolle und abwechslungsreiche Texte schreiben.

- Mach als Erstes den Diagnosetest und vergleiche deine Antworten mit den Lösungen auf S. 108.
- Die Auswertungstabelle im Lösungsteil zeigt dir, was du schon gut kannst und was du noch trainieren solltest.
- Übe nach der Auswertung die Bereiche, in denen du noch Fehler gemacht hast. Genaue Seitenangaben findest du in der Tabelle.
- Mit dem Abschlusstest auf S. 12 findest du heraus, ob du fit bist.

1 **Ergänze die Lücken durch ein passendes Reflexivpronomen.**

a) Wir fragen __________, ob viele Menschen bei Regenwetter zum Sportfest kommen.

b) Sie fühlt __________ heute gut ausgeschlafen.

c) Sie haben __________ eine Überraschung für ihre Mutter überlegt.

d) Ich denke __________ etwas Neues aus.

e) Du wunderst __________ über die Geschichte?

f) Ich lege __________ jetzt auf meine Liege im Garten.

g) Sie erzählen __________ alle Geheimnisse.

h) Ihr interessiert __________ für alte Eisenbahnen?

2 **Untersuche jeden Satz und unterstreiche alle Demonstrativpronomen, die du finden kannst.**

a) Könnten Sie mir diese Tasche aus dem Schaufenster holen?

b) Gestern traf ich den Jungen, der meine vermisste Katze Pipsi fand.

c) Das ist die Vanillesoße, die wir immer in Holland kaufen.

d) Bei solch einer Geschwindigkeit ist es schwierig, mit den Rollschuhen zu bremsen.

e) Es hat mich sehr gefreut, dass unsere Tennismannschaft den ersten Platz erreicht hat.

f) Meine Freundin hat sich dasselbe T-Shirt gekauft wie ich.

g) Diejenigen, die ihr Abendessen gegessen haben, dürfen ihre Teller abräumen.

h) Ich sehe mir nur Kinofilme an, die mich interessieren.

3 **Schau dir die Wörter genau an und kreise alle Indefinitpronomen ein.**

mein	das	nichts	dieser	euch	ihnen	mich
niemand	jenes	mehrere	unser	ich	einige	man
welches	wohin	irgendwie	alle	womit	diejenigen	die
dessen	deren	jeder	kein	euer	manche	was

4 **Setze in die Lücken ein Relativ- oder Demonstrativpronomen ein. Kreuze an, ob es sich um ein Relativpronomen (RP) oder ein Demonstrativpronomen (DP) handelt.**

	RP	DP
a) ______________ ist der Grund für sein Verhalten.	○	○
b) Wie heißt das Getränk, ______________ man gerne an kalten Wintertagen trinkt?	○	○
c) Hier ist dein Frühstücksei, ______________ du dir gewünscht hast.	○	○
d) Ein Kind, ______________ nicht schwimmen kann, muss Schwimmflügel anziehen.	○	○
e) Ihr solltet euch ______________ nicht zweimal sagen lassen.	○	○
f) Ist ______________ unser neues Auto?	○	○
g) Das Jungtier, ______________ sich hinter seiner Mutter versteckt, ist die Attraktion im Zirkus.	○	○

Die Testauswertung findest du auf Seite 109.

Reflexivpronomen

Merke dir

Das **Reflexivpronomen** (rückbezügliches Fürwort) **bezieht** sich auf das **Subjekt** des Satzes.

Die Erde dreht **sich.** Ich bewege **mich** nicht. Ihr helft **euch** bei den Hausaufgaben.

Das Reflexivpronomen steht im **Akkusativ** oder **Dativ.**

ich → **mir / mich**	du → **dir / dich**	er / sie / es → **sich**
wir → **uns**	ihr → **euch**	sie → **sich**

1 **Konjugiere die Verben und ergänze die entsprechenden Reflexivpronomen. Bestimme jeweils den Kasus der Pronomen in deinem Übungsheft.**

	sich kaufen	**sich schämen**
ich	______	______
du	______	______
er / sie / es	______	______
wir	______	______
ihr	______	______
sie	______	______

	sich verstecken	**sich denken**
ich	______	______
du	______	______
er / sie / es	______	______
wir	______	______
ihr	______	______
sie	______	______

Demonstrativpronomen

Merke dir

Demonstrativpronomen (hinweisende Fürwörter) weisen auf etwas hin, das entweder schon bekannt ist oder genauer bestimmt werden soll.

An **dieser** Stelle habe ich den Ball gefunden.
Derjenige, dem die Tasche gehört, wird sich melden.

Die Demonstrativpronomen lauten: *dies(er), diese, dieses; der, die, das; jener, jene, jenes; derjenige, diejenige, dasjenige; derselbe, dieselbe, dasselbe; (solch) solcher, solche, solches.*

2 **Ergänze die Demonstrativpronomen.**

a) ________________ Fahrrad gehört mir, ________________ dort meinem Bruder.

b) Sie teilen sich ________________ Zimmer.

c) Alle applaudieren ________________, der die Quizfrage am schnellsten gelöst hat.

d) Er möchte ________________ Fernsehsendung aufzeichnen.

e) Viele Segler mögen ________________ stürmisches Wetter.

f) Sie hört schon seit einer halben Stunde immer wieder ________________ Song.

3 **Setze *dass* oder *das* ein. Kreuze die Sätze an, die ein Demonstrativpronomen enthalten.**

a) ◯ Ihr solltet euch ________ nicht entgehen lassen.

b) ◯ Er weiß doch, ________ ich Höhenangst habe.

c) ◯ Sehen Sie sich ________ an!

d) ◯ ________ muss ein Irrtum sein!

e) ◯ Tobias hatte keine Ahnung, ________ seine Freunde eine Überraschungsparty planten.

f) ◯ ________ war es also, worüber sie sich wunderte.

g) ◯ ________ kann doch wohl nicht dein Ernst sein!

h) ◯ Marc rechnete damit, ________ die Mannschaft das Handballspiel verlieren würde.

Indefinitpronomen

Merke dir

Die **Indefinitpronomen** (unbestimmte Fürwörter) bezeichnen eine Menge von Personen, Begriffen, Gegenständen, die nicht näher bestimmt ist oder nicht näher bestimmt werden soll.

Einiges muss vor der Reise noch erledigt werden.

Hat **irgendjemand** mein Handy gesehen.

Zu den Indefinitpronomen gehören zum Beispiel: *man, etwas, alle, kein, nichts, einige, jeder, jemand, mancher, mehrere, irgendein, niemand.*

4 **Ergänze in den Sprichwörtern die fehlenden Indefinitpronomen:**

viele – etwas – keine – mancher – kein – anderen – man

a) ______________ Rose ohne Dornen.

b) Wer ______________ eine Grube gräbt, fällt selbst hinein.

c) ______________ Preis ohne Fleiß.

d) ______________ will fliegen, ehe er Federn hat.

e) ______________ soll den Tag nicht vor dem Abend loben.

f) ______________ ist besser als nichts.

g) ______________ Köche verderben den Brei.

5 **Hier sind die Indefinitpronomen durcheinandergeraten. Schreibe jeweils ein sinnvolles Pronomen hinter den Satz.**

a) Wir haben in der Stadt irgendetwas Schulfreunde getroffen. ____________

b) Sie überlegte auf dem Weg zum Zug, ob sie sämtliche vergessen hatte. ____________

c) Gespannt wartete niemand auf die Musikgruppe. ____________

d) Wenige konnte die Quizfrage beantworten. ____________

e) Bei diesem sonnigen Wetter sind ein paar Eisdielen überfüllt. ____________

f) Jeder hielten den Marathon durch. ____________

Relativpronomen

Merke dir

Die **Relativpronomen** (verbindende / bezügliche Fürwörter) leiten Relativsätze ein und beziehen sich auf ein Nomen oder Pronomen im vorausgehenden Satz.

In das Haus, **dessen** Dach erneuert wird, zieht eine Familie mit zwei Kindern.

Relativpronomen sind: *der, die, das, welcher, welche, welches, wer, was.*

6 **Setze das richtige Relativpronomen ein.**

Da kommt der berühmte Schauspieler,

_______________ schon viele Filmpreise gewonnen hat.

_______________ Auftritte besonders bei Mädchen eine Hysterie auslösen.

_______________ seine Freunde und Familie sehr wichtig sind.

_______________ nichts aus der Ruhe bringen kann.

Wir haben ein Lämmchen,

_______________ mit einer Milchflasche aufgezogen wurde.

_______________ Mutter bei der Geburt gestorben ist.

_______________ wir täglich frisches Gras zu fressen geben.

_______________ mir überallhin folgt.

Auf dem Burgfest treten Personen als verkleidete Ritter auf,

_______________ spielerisch gegeneinander kämpfen.

_______________ Auftritte lustig und spannend sind.

_______________ das Ritterdasein gefällt.

_______________ im wahren Leben andere Berufe haben.

Abschlusstest: Pronomen

1 **Ordne die Wörter einer Tabellenspalte zu. Aber Vorsicht, nicht alle Wörter lassen sich zuordnen.**

mein unser jener darüber hier dein dir jetzt
dies andere jegliche irgendwer sich jedermann wessen
heute irgendwo euer derjenige man die welche

Relativ-pronomen	Demonstrativ-pronomen	Reflexiv-pronomen	Indefinit-pronomen

2 **Unterstreiche den Außenseiter und benenne seine Pronomenart.**

a) keine – dich – uns – euch → ____________________

b) jedermann – jegliche – beide – sich → ____________________

c) mir – sich – dich – irgendwer → ____________________

d) diesen – mancher – solche – jenes → ____________________

e) das – deren – diese – die → ____________________

f) keiner – was – ein paar – mehrere → ____________________

3 **Unterstreiche im Text die Pronomen in der angegebenen Farbe: Relativpronomen (blau), Reflexivpronomen (violett), Demonstrativpronomen (orange), Indefinitpronomen (grün).**

Noch drei Tage, dann ist jener Tag gekommen, auf den sich alle schon lange freuen. Im Radio und in den Zeitungen hört oder liest man bereits täglich über die Eröffnungsfeier des neuen Freizeitparks. Besonders die Kinder freuen sich auf die neuen Fahrattraktionen und Shows. Es soll eine neue Achterbahn geben, die aus Holz besteht. Für manchen sind solche schnellen Fahrten aber beängstigend. Er sollte eher eine gemütliche Tour in der Dampflokomotive wählen oder ein 3D-Kino besuchen. Doch meist übernimmt derjenige, der an diesen rasanten Fahrten nicht teilnehmen möchte, die Aufsicht über die Rucksäcke. Er wird sich dabei sicher nicht langweilen, denn die Fahrt dauert oft nur Sekunden. Manchmal sind aber die Wartezeiten, die auf Schildern am Eingang aushängen, sehr lang. Besonders bei einer Neueröffnung muss man bis zu zwei Stunden warten. Die Zeit lässt sich aber gut mit sämtlichen Essens- und Getränkeangeboten überbrücken. Diesen süßen oder herzhaften Leckereien können viele nicht widerstehen, wenn sie einen ganzen Tag in solchen Parks verbringen. Nur wenige gehen mit leerem Magen durch die Ausgangspforten.

4 **Ergänze die Sätze durch ein passendes Pronomen und bestimme seine Art.**

sich – dieser – ein paar – mich – der – niemand – man

a) Um die Lampe summten ________________ Fliegen. ________________

b) Ich denke, dass ________________ Weg ________________

in die falsche Richtung führt.

c) In der Nachbarschaft hat ________________ ________________

den Dieb gesehen.

d) Die Zuschauer sahen einen Clown,

________________ Lieder gurgelte. ________________

e) Ich habe ________________ letzte Nacht erkältet. ________________

f) ________________ konnte die Hand nicht ________________

vor den Augen sehen.

g) Er erinnerte ________________ nicht mehr ________________

an den Unfall.

Die Testauswertung findest du auf Seite 113.

2 Modus

Mit Verben kannst du zum Ausdruck bringen, ob sich ein Geschehen wirklich ereignet hat oder Wünsche und Vermutungen äußern oder Aufforderungen formulieren. Wie man diese verschiedenen Aussageweisen, man nennt sie auch den Modus (Plural: Modi) der Verben, richtig anwendet, lernst du im folgenden Kapitel.

- Mach als Erstes den Diagnosetest und vergleiche deine Antworten mit den Lösungen auf S. 114.
- Die Auswertungstabelle im Lösungsteil zeigt dir, was du schon gut kannst und was du noch trainieren solltest.
- Übe nach der Auswertung die Bereiche, in denen du noch Fehler gemacht hast. Genaue Seitenangaben findest du in der Tabelle.
- Mit dem Abschlusstest auf S. 23 findest du heraus, ob du fit bist.

1 **Finde die Indikative zu den folgenden Verben.**

a) 1. Sg. Indikativ Präteritum von „kochen“ ______________________

b) 3. Sg. Mask. Indikativ Perfekt von „singen“ ______________________

c) 2. Pl. Indikativ Präsens von „lachen“ ______________________

d) 3. Pl. Indikativ Plusquamperfekt von „kommen“ ______________________

e) 2. Sg. Indikativ Perfekt von „fragen“ ______________________

f) 1. Pl. Indikativ Präteritum von „gehen“ ______________________

2 **Bilde den Konjunktiv I Präsens der folgenden Indikative.**

a) er glaubt ______________________

b) sie weiß ______________________

c) sie sind ______________________

d) ihr habt ______________________

e) du musst ______________________

f) du liebst ______________________

3 **Ersetze die *würde*-Form durch den Konjunktiv II.**

Wenn Vivien und Marie zaubern könnten, . . .

würde-Form	Konjunktiv II
würde jeden Tag die Sonne scheinen.	
würden sie immer fröhlich sein.	
würden Süßigkeiten an den Bäumen hängen.	
würden sie mit Tieren sprechen.	
würden sie jeden Tag lange schlafen.	

4 **Schreibe die Aussagen in die indirekte Rede um.**

a) „Die Hose ist mir zu klein", antwortet der Kunde der Verkäuferin.

____

b) Marie sagt zu ihrer Mutter: „Ich bringe den Müll hinunter."

____

c) „Ich bin mit den Textaufgaben fertig", erklärt Annette ihrer Lehrerin.

____

d) Markus sagt seinen Freunden: „Ich komme um 15.00 Uhr auf den Sportplatz."

____

e) Julia bedauert: „Ich weiß nichts über den Diebstahl im Kaufhaus."

____

5 **Bilde den Imperativ der angegebenen Verben.**

a) Der Bergsteiger zu seinem Freund: „____________ bloß das Seil fest!" *(halten)*

b) Die Mutter zu ihren Kindern: „____________ euch sofort hin!" *(setzen)*

c) Der Bruder zu seiner Schwester: „____________ mich doch!" *(fangen)*

d) Der Vater zu seinen Söhnen: „____________ endlich den Fernseher aus!" *(schalten)*

e) Der Fluggast zur Stewardess: „____________ Sie mich doch bitte schlafen!" *(lassen)*

Indikativ

Merke dir

Es gibt im Deutschen drei **Aussageweisen** (Modi, Singular: Modus) des Verbs: den **Indikativ**, den **Konjunktiv** und den **Imperativ**.
Mit dem Indikativ (Wirklichkeitsform) wird eine Aussage als gesichert dargestellt oder ausgedrückt, dass sich ein Geschehen wirklich ereignet hat.

Der Hund **hat** die Wurst vom Teller **geklaut**.
Sie **kommen** gerade zur Tür herein.

Der Indikativ tritt in allen Zeitformen des Verbs auf:

er geht	Präsens	er war gegangen	Plusquamperfekt
er ging	Präteritum	er wird gehen	Futur I
er ist gegangen	Perfekt		

1 **Markiere in den Sätzen den Indikativ und bestimme sein Tempus.**

a) Die Frau belohnte ihren Dackel mit einem Kauknochen. ______

b) Nächstes Mal wird unsere Mannschaft gewinnen. ______

c) Unser Papagei spricht nicht immer. ______

d) Das Musikstück hast du fleißig geübt. ______

e) Mein kleiner Bruder wird bald laufen. ______

f) Sie hatten für große Aufregung gesorgt. ______

g) Die Milch war übergekocht. ______

h) Der Bauer ging wie jeden Morgen in den Kuhstall. ______

i) Ihr seid aber früh angekommen. ______

2 **Setze die folgenden Verben in die angegebenen Zeitformen des Indikativs.**

Zeitformen	schreiben	klatschen	tanzen
Präsens	ich	er	wir
Präteritum	ich	er	wir
Perfekt	ich	er	wir
Plusquamperfekt	ich	er	wir
Futur I	ich	er	wir

Konjunktiv I

Merke dir

Der **Konjunktiv I** (Möglichkeitsform) kann bei Wünschen oder Ausrufen gebraucht werden. Ebenso können Anleitungen im Konjunktiv I stehen.

Möge er wenigstens diesmal nicht verschlafen. (Wunsch)
Das Geburtstagskind **lebe** hoch! (Ausruf)
Man **nehme** … und **verrühre** … (Anleitung)

Gibst du eine wörtliche Rede in der **indirekten Rede** und nur sinngemäß wieder, verwendest du am besten auch den Konjunktiv I. In der Umgangssprache wird in diesen Fällen allerdings oft der Indikativ gebraucht.

Tom erzählte: „Patrick **hat** sein Handy schon wieder verlegt."
Tom erzählte, dass Patrick sein Handy schon wieder verlegt **habe**. (auch: hat)

Wenn du eine Aussage wiedergibst, für deren Richtigkeit du dich nicht verbürgen möchtest, dann gebrauchst du gleichfalls den Konjunktiv I.

Er hatte gehört, dass die Nachbarn verreist **seien**.

Die Gegenwartsformen des Konjunktivs I bildest du mit dem Präsensstamm des Verbs und der entsprechenden Personalendung *-e*, *-est*, *-e*, *-en -et*, *-en* (ich kaufe, du kaufest, er / sie / es kaufe …).

Die Vergangenheitsformen werden mit den Hilfsverben *haben* oder *sein* im Perfekt Konjunktiv I und dem Partizip II des Vollverbs gebildet (er sei verreist, du sei(e)st verreist, er / sie / es seien verreist …).

Das Futur I bildest du mit dem Hilfsverb *werden* im Präsens Konjunktiv I und dem Infinitiv des Vollverbs (ich werde kaufen, du werdest kaufen, er / sie / es werde kaufen …).

Einige Formen des Konjunktivs I unterscheiden sich nicht von den Formen des Indikativs. Du kannst sie durch den Konjunktiv II ersetzen oder mit *würde* + Infinitiv umschreiben.

ich sehe (Ind. und Konj. I) → ich sähe (Konj. II) oder: ich würde sehen

3 **Bilde die angegebenen Personalformen im Konjunktiv I. Ersetze oder umschreibe Konjunktivformen, die dem Indikativ gleichen. Schreibe die Lösungen in dein Übungsheft.**

a) 2. Pl. Präsens von „machen“
b) 3. Sg. Perfekt von „gehen“
c) 1. Sg. Präsens von „sollen“
d) 2. Sg. Futur I von „laufen“
e) 2. Sg. Präsens von „lachen“
f) 3. Pl. Perfekt von „fliegen“
g) 1. Pl. Präsens von „sehen“
h) 3. Pl. Präsens von „kochen“
i) 2. Sg. Perfekt von „lesen“
j) 3. Sg. Futur I von „ankommen“
k) 2. Sg. Präsens von „haben“
l) 1. Pl. Präsens von „springen“

4 **Wandle die wörtliche in die indirekte Rede um. Verwende Formulierungen mit *dass*.**

a) Frau Berger sagt zu ihrem Mann: „Heute ist gutes Wetter zum Angeln.“

____

____

b) Der Richter sagt zu dem Zeugen: „Sie müssen die Wahrheit sagen.“

____

____

c) Rebecca erzählt ihrer Freundin: „Ich gehe mit meinen Eltern in den Tierpark.“

____

____

d) Der Sohn versprach seinem Vater: „Ich will dir beim Streichen der Wände helfen.

____

____

e) Meine Freundin berichtete: „Wir sind in den Ferien in Frankreich gewesen.“

____

____

Konjunktiv II

Merke dir

Der **Konjunktiv II** drückt eine gedankliche Vorstellung aus. Mit ihm wird Unwirkliches oder Unwahrscheinliches mitgeteilt, zum Beispiel Vermutungen oder Wünsche und Bedingungen, die nicht erfüllt werden können.

Meine kleine Schwester **wäre** gerne eine Prinzessin. (Wunsch)
Wir **dürften** bald da sein. (Vermutung)
Wir **wären** längst fertig, wenn nicht ständig das Telefon geklingelt **hätte**. (Bedingung)

Der Konjunktiv II wird im Präteritum und im Plusquamperfekt gebraucht. Das Präteritum bildest du mit dem Präteritumstamm des Verbs und den Personalendungen *-e, -(e)st, -e, -en, -et, -en*. Bei unregelmäßigen Verben findet meist noch ein Wechsel von *a, o, u, au* zu *ä, ö, ü, äu* statt (ich gäbe, du gäbest, er / sie / es gäbe …).
Das Plusquamperfekt bildest du mit den Hilfsverben *haben* oder *sein* im Konjunktiv II und dem Partizip II des Vollverbs. (ich hätte gekauft, du hättest gekauft, er / sie / es hätte gekauft …, wir wären verreist, ihr wäret verreist, sie wären verreist).

Formen im Konjunktiv II, die sich vom Indikativ nicht unterscheiden, umschreibst du mit der *würde*-Form. Sie wird gebildet mit dem Konjunktiv II des Hilfsverbs *werden* und dem Infinitiv des Vollverbs. Auch inzwischen ungebräuchliche Formen werden mit *würde* umschrieben.

Er **äße** jetzt gern ein Stück Kuchen. Er **würde** jetzt gern ein Stück Kuchen **essen**.

5 **Ergänze den Konjunktiv II.**

a) Ihr ________________ (bekommen) vielleicht die Chance, in einer Fernsehserie mitzuspielen.

b) Du benimmst dich, als ________________ (sein) du eine berühmte Person.

c) Er tut so, als ________________ (lesen) er ein spannendes Buch.

d) In einem Anzug ________________ (sehen) er eleganter aus.

e) Er nahm an, sie ________________ (treffen) sich am Sportplatz.

6 **Umschreibe den Konjunktiv in deinem Übungsheft mit der *würde*-Form.**

a) sie fragten
b) du sähest
c) er läse
d) du wärest
e) ihr bekämet
f) es brächte
g) sie wüchsen
h) sie träfen
i) wir äßen

Imperativ

Merke dir

Den **Imperativ** verwendest du, um eine **Aufforderung**, einen **Befehl**, einen **Wunsch** oder eine **Bitte** auszudrücken. Er kommt nur in der 2. Person Singular und Plural und in der Höflichkeitsform vor und steht immer im Präsens. Der Singular wird in der Regel mit der Endung *-e* gebildet. Oft kannst du das *-e* aber auch weglassen. Im Plural wird ein *-(e)t* an den Verbstamm angehängt. Den Imperativ in der Höflichkeitsform bildest du mit der Endung *-en*.

Blei**be** / Blei**b** sitzen! Blei**bt** sitzen! Blei**ben** Sie bitte sitzen!

Einige unregelmäßige Verben haben im Präsens einen Vokalwechsel von *e* zu *i*, der in den Imperativformen übernommen wird. Das Endungs-*e* entfällt im Singular.

geben	du gibst	gib
	ihr gebt	gebt

7 **a) Bilde den Imperativ der Verben in der entsprechenden Form und ergänze die Tabelle.**

Verb im Infinitiv	Singular	Plural	Höflichkeitsform „Sie“
suchen			
stehen			
ziehen			
versuchen			
laufen			

b) Ergänze die Sätze mit einem passenden Verb aus der Tabelle.

a) Ein Mann zu seinem Hund: „________________ den Knochen, Fips!“

b) Der Arzt zu einem Patienten: „________________ Sie tief ein- und auszuatmen.“

c) Die Mutter zu ihren Kindern: „________________ bitte vom Fußboden auf!“

d) „________________ eure nassen Schuhe aus“, sagt die Oma zu ihren Enkeln.

e) Der Zirkusdirektor zum Angestellten: „________________ Sie an der Schnur, damit der Vorhang fällt!“

1 **Formuliere die Sätze in deinem Übungsheft in den Indikativ um.**

a) Er sagt, er lese die Zeitung.
   Er ...
b) Er sagt, sie dürfe ein Eis essen.
c) Sie sagt, sie wüsste nichts von einem Treffen.
d) Sie sagt, sie wäre fertig mit den Hausaufgaben.
e) Das Kind sagt, es wolle Fangen spielen.

2 **Bilde jeweils den Konjunktiv II im Präteritum.**

a) er isst	__________	f) ich brauche	__________
b) wir trinken	__________	g) er ruft	__________
c) sie kommen	__________	h) wir sehen	__________
d) ihr sprecht	__________	i) ich lasse	__________
e) ihr steht	__________	j) sie fängt	__________

3 **Markiere, ob in den Sätzen der Konjunktiv I oder der Konjunktiv II verwendet wird.**

	Konj. I	Konj. II
a) Der Professor meint, das Experiment lasse sich nicht umsetzen.	○	○
b) Tina wünscht, sie bekäme Reitstunden.	○	○
c) Marie erklärte ihrer Mutter, sie könne ihren blauen Pulver nicht finden.	○	○
d) Die Großmutter erklärte, ihr Enkel äße gerne Kartoffelklöße mit Soße.	○	○
e) Anne wünscht, die Kinder ließen die Hänseleien.	○	○
f) Thomas behauptet, er laufe am schnellsten.	○	○

4 **Ergänze die Tabelle. Überlege, wann du den Konjunktiv II mit der Umschreibung *würde* verwendest.**

Verbform	Indikativ Präsens	Indikativ Präteritum	Konjunktiv II
1. Sg. von **sein**			
3. Sg. Neutr. von **fragen**			
2. Pl. von **haben**			
1. Pl. von **machen**			
3. Sg. Fem. von **kriegen**			
3. Sg. Mask. von **lesen**			

5 **Kreuze an, welcher Satz richtig in der indirekten Rede steht.**

a) Die Maus wird von der Katze gefangen.
- ◯ Lea meint, die Maus werde von der Katze gefangen.
- ◯ Lea meint, die Maus würde von der Katze gefangen.

b) Es wird regnen.
- ◯ Alle meinen, es regne.
- ◯ Alle meinen, es werde regnen.

c) Wir werden tanzen.
- ◯ Sie sagt, wir würden tanzen.
- ◯ Sie sagt, wir werden getanzt haben.

d) Ihr werdet euch verstehen.
- ◯ Mutter meint, ihr würdet euch verstehen.
- ◯ Mutter meint, ihr verstündet euch.

6 **Bilde den Imperativ in den angegebenen Personalformen.**

	du	ihr	Sie
lauter sprechen			
den Tisch decken			
die Anleitung lesen			
nach draußen gehen			
auf mich warten			

3 Nebensätze

Nebensätze helfen dir, komplizierte Zusammenhänge klar und anschaulich darzulegen. In diesem Kapitel erfährst du, was du dabei beachten musst.

- Mach als Erstes den Diagnosetest und vergleiche deine Antworten mit den Lösungen auf S. 120.
- Die Auswertungstabelle im Lösungsteil zeigt dir, was du schon gut kannst und was du noch trainieren solltest.
- Übe nach der Auswertung die Bereiche, in denen du noch Fehler gemacht hast. Genaue Seitenangaben findest du in der Tabelle.
- Mit dem Abschlusstest auf S. 35 findest du heraus, ob du fit bist.

1 **Welche Nebensätze sind Subjektsätze? Kreuze an.**

a) ◯ Das Festtagsmenü zu kochen, bereitete dem Koch keine Schwierigkeiten.

b) ◯ Martin versprach seiner Großmutter, dass er ihr morgen bei der Gartenarbeit helfen würde.

c) ◯ Um nichts zu vergessen, machte sich Steffi einen Knoten ins Taschentuch.

d) ◯ Der Vater erlaubt ihm, den Film zu Ende zu sehen.

e) ◯ Die Schreibtischlampe brennt noch, weil du sie nicht ausgeschaltet hast.

f) ◯ Es ist nicht sicher, ob die Schüler heute Hitzefrei bekommen werden.

g) ◯ Beeilt euch, damit ihr den Bus noch erwischt!

h) ◯ Dass Vanessa den Wettbewerb gewonnen hat, machte sie sehr stolz.

i) ◯ Felix muss seinem Trainer beweisen, dass er ein guter Fußballspieler ist.

2 **Bestimme die Art der Objektsätze (Genitiv, Dativ, Akkusativ).**

a) Annette bemerkte nicht, dass ihr Hund weggelaufen war. ______________________

b) Marc schämte sich, seiner Schwester nicht zum Geburtstag gratuliert zu haben. ______________________

c) Tom verleiht sein Zelt, wem er möchte. ______________________

d) Ich weiß, dass unser Nachbar ein Briefmarkensammler ist. ______________________

e) Anton erinnert sich nicht, seine Taucherbrille in den Koffer gepackt zu haben. ______________________

f) Der Trainer ist sicher, dass Jan Erfolg haben wird. ______________________

3 **Trage den Buchstaben der Sätze in die richtige Tabellenspalte ein.**

a) Sie bestehen darauf, dass wir sie besuchen.

b) Ich hoffe, meinem Lieblingsmusiker zu begegnen.

c) Sie zweifelte, ob er die Wahrheit sagte.

d) Es ist ungewiss, ob das Flugzeug pünktlich abfliegen kann.

e) Sie hat mir versprochen, sich um meinen Hund zu kümmern.

f) Dass er so musikalisch ist, erfreut seine Eltern.

g) Marie wusste nicht, ob alle Geburtstagsgäste kommen würden.

h) Seine Mutter erwartet, dass wir pünktlich zum Essen erscheinen.

i) Der Maler kontrolliert, ob seine Arbeit gut ist.

j) Dass er unschuldig ist, konnte noch nicht bewiesen werden.

k) Vor einem großen Publikum zu singen, das ist ihr größter Wunsch.

Subjektsatz			**Objektsatz**		
dass-Satz (Konjunktionalsatz)	indirekter Fragesatz	Infinitivsatz	*dass*-Satz (Konjunktionalsatz)	indirekter Fragesatz	Infinitivsatz

4 Markiere jeweils, um welche Art von Adverbialsatz es sich handelt.

a) Wo der Weg zu Ende ist, steht eine alte Holzhütte. — lokal – kausal – modal

b) Da er müde war, legte er sich ins Bett. — konzessiv – kausal – modal

c) Sobald die Sommerferien anfangen, fahren viele Familien in den Urlaub. — konditional – temporal – final

d) Man pökelt Fische, damit sie nicht verderben. — konsekutiv – lokal – final

e) Falls du heute Abend nicht mit ins Kino gehst, solltest du mir Bescheid geben. — final – modal – konditional

f) Sie kaufte sich einen neuen Pullover, obwohl sie nach einer Bluse gesucht hatte. — konzessiv – kausal – final

g) Er hielt die Überraschung geheim, indem er das Geschenk versteckte. — lokal – modal – konsekutiv

h) Die Katze ist verängstigt, sodass sie sich unter dem Sofa versteckt. — kausal – temporal – konsekutiv

Die Testauswertung findest du auf Seite 121.

Subjektsatz

Merke dir

Der **Subjektsatz** ist eine Nebensatzart, der die Rolle des Subjekts übernimmt. Du erfragst den Subjektsatz mit *wer* oder *was?*.

Dass du heute schon abreist, gefällt mir nicht.
Frageprobe: *Wer* oder *was* gefällt mir nicht? Dass du heute schon abreist.

Zwischen dem **Hauptsatz** und dem **Subjektsatz** setzt du ein **Komma**.

1 **Unterstreiche in dem folgenden Text alle Nebensätze, die Subjektsätze sind.**

Ben Hansemann

Es ist eine Tatsache, dass Fisch gesund ist. Aber muss man ihn deshalb fünf Tage die Woche in sämtlichen Variationen, ob geräuchert, gegrillt oder gekocht, auf dem Teller liegen haben? Manchmal kann ich Fisch weder sehen noch essen. An solchen Tagen habe ich schon Happen meiner Forelle, meines Lachses oder Herings an unsere Katze Stine verfüttert. Bald verschmähte sie die Fischstückchen aber auch und flüchtete beim Mittagessen in ihr Katzenkörbchen. Sie wartete dann, bis meine Mutter ihr eine Dose Katzenfutter servierte. Bis vor kurzem hat meine Mutter nicht gemerkt, dass mir Fisch allmählich zum Halse heraushängt. Nicht wirklich vorteilhaft ist hierbei, dass meine Eltern beide Fischer sind. Dass ich Fisch mögen muss, gehört bei uns zur Familientradition. Und darum ist es mir lange Zeit nicht gelungen, meine Mutter vom Gegenteil zu überzeugen.

Doch irgendwann musste ich den ersten Schritt wagen. An einem Dienstagvormittag war meine Mutter beim Friseur. Ich beschloss, für meine Eltern zu kochen. Es gab Nudeln mit einer Kräuter-Tomatensoße. Als beide nach Hause kamen, überraschte ich sie mit diesem Essen. Sie waren begeistert und lassen mich seitdem häufiger kochen. Meine Mutter scheint auch meine eigentliche Botschaft verstanden zu haben. Ihr scheint es auch zu gefallen, plötzlich nicht mehr die Hauptverantwortliche für das Mittagessen zu sein. Sie ist von meinen Kochkünsten begeistert. Bis heute ist ihr jedoch nicht klar geworden, wie ich das Kochen gelernt habe.

Objektsatz

Merke dir

Ebenso wie das Subjekt kann auch das Objekt eines Satzes mit einem Nebensatz, dem sogenannten Objektsatz, gebildet werden. **Objektsätze** können im Genitiv, im Dativ und Akkusativ stehen und auch präpositional gebildet werden. Du erfragst den Kasus mit *wessen?*, *wem* oder *was?*, *wen* oder *was?* oder *worauf*, *womit* … (präpositionaler Objektsatz).

Objektsatz im **Genitiv**
Sie erinnerte sich, **dass ihr Großvater zu Festen einen Zylinder trug.**
Frageprobe: **Wessen** erinnerte sie sich?

Objektsatz im **Dativ**
Die Frau hilft, **wem sie helfen kann.**
Frageprobe: **Wem** hilft die Frau?

Objektsatz im **Akkusativ**
Ich kann nicht sagen, **ob es heute noch klappt.**
Frageprobe: **Was** kann ich nicht sagen?

Der **Objektsatz** wird **durch** ein **Komma vom Hauptsatz getrennt**.

2 **Bestimme anhand der Frageprobe, um welchen Objektsatz es sich handelt.**

a) Tim bedauert, seine Eltern enttäuschen zu müssen.

Frage: ______________________________

Nebensatzart: ______________________________

b) Jens vergewissert sich, ob ihm niemand in sein Versteck gefolgt ist.

Frage: ______________________________

Nebensatzart: ______________________________

c) Ihre Freundin schämte sich, den Popstar nicht erkannt zu haben.

Frage: ______________________________

Nebensatzart: ______________________________

d) Wer den Zaun für mich streicht, dem schenke ich meine tolle neue Lupe.

Frage: ______________________________

Nebensatzart: ______________________________

Subjekt- und Objektsätze

Merke dir

Subjekt- und Objektsätze kannst du auf unterschiedliche Weise bilden.

Dass er mir geholfen hat, finde ich sehr nett.	*dass*-Satz (Konjunktionalsatz)
Sie fragt sich, **ob er noch kommen wird.**	indirekter Fragesatz
Der kleine Junge bat seine Mutter, **ihm die Schuhe zu binden.**	Infinitivsatz

3 **Bilde aus den unterstrichenen Satzgliedern (Subjekte und Objekte) entsprechende Nebensätze. Beachte auch die Vorgaben in den Klammern. Bestimme anschließend den Kasus der Objektsätze.**

a) Sein unordentliches Zimmer stört Pascal überhaupt nicht.

(Konjunktionalsatz mit *dass*)

b) Frau Schneider findet die Arbeitsweise von Lars gut.

(indirekter Fragesatz mit *wie*)

c) Kerstin weiß nichts von einer Einladung zur Geburtstagsfeier.

(indirekter Fragesatz mit *ob*)

d) Stefans Hilfsbereitschaft erfreute seine Gasteltern.

(Konjunktionalsatz mit *dass*)

e) Die farbliche Anpassung der Fische an ihre Umgebung fasziniert mich.

(Konjunktionalsatz mit *dass*)

Adverbialsatz

Merke dir

Übernehmen die Nebensätze die **Rolle der adverbialen Bestimmungen**, dann nennst du sie **Adverbialsätze**. Bei den Adverbialsätzen unterscheidest du wie bei den Adverbialen nach:

Temporalsatz (Zeit → *Wann?*)
Wir umarmten uns, ***als** wir uns wiedersahen.*
(*Wann* umarmten wir uns?)

Lokalsatz (Ort, Richtung → *Wo? Wohin? Woher?*)
Die alte Spielzeugkiste stand dort, ***wo** sie keiner vermutet hätte.*
(*Wo* stand die alte Spielzeugkiste?)

Konditionalsatz (Bedingung → *Unter welchen Bedingungen?*)
***Falls** die Sonne scheint*, fahren wir am Sonntag an den Badesee.
(*Unter welchen Bedingungen* fahren wir an den Badesee?)

Kausalsatz (Grund → *Warum?*)
Sie ging nicht ins Reptilienhaus, ***weil** sie Angst vor Schlangen und Spinnen hat.*
(*Warum* ging sie nicht ins Reptilienhaus?)

Konzessivsatz (Gegengrund, Einschränkung → *Trotz welcher Hindernisse?*)
***Obwohl** er blind ist*, spielt er sehr gut Klavier.
(*Trotz welchen Umstands* spielt er sehr gut Klavier?)

Finalsatz (Zweck → *Wozu? Mit welchem Zweck?*)
Er geht zum Tauchtraining, ***damit** er seinen Tauchschein machen kann.*
(*Wozu* geht er zum Tauchtraining?)

Konsekutivsatz (Folge → *Welche Folge/Wirkung?*)
Ich habe das Gedicht sooft gelesen, ***dass** ich es jetzt auswendig kann.*
(*Welche Folge* hat das häufige Lesen des Gedichts?)

Modalsatz (Art und Weise → *Wie? Auf welche Art und Weise?*)
Sie legten für die anderen Schnitzeljäger eine falsche Spur,
***indem** sie neue Pfeile dazu malten.*
(*Wie* legten sie für die anderen Schnitzeljäger eine falsche Spur?)

4 **Finde die Adverbialsätze und schreibe auf, um welche Art es sich jeweils handelt.**

a) Weil er die höchste Zahl gewürfelt hat, darf Dennis mit dem Würfelspiel beginnen.

____

b) Der Hund machte sich bemerkbar, indem er laut bellte.

____

c) Benni konnte nicht mitspielen, da er sich den Fuß gebrochen hatte.

____

d) Alle schauten in die Richtung, aus der die seltsamen Geräusche kamen.

____

e) Lisa hatte so viel Sport getrieben, dass sie am Morgen einen Muskelkater hatte.

____

f) Obwohl sie schon sehr müde waren, liefen sie noch eine Stunde weiter.

____

g) Als es dunkel wurde, machte die Gruppe eine Nachtwanderung durch den Wald.

____

h) Damit das Baby einschläft, müssen wir uns leise unterhalten.

____

5 **a) Verbinde die Teilsätze zu einem sinnvollen Satzgefüge.**

... können wir einen Schneemann im Garten bauen.

... indem man Energiesparlampen verwendet.

... dass ihm sein Bauch wehtut.

... geht sie heute Morgen zum Zahnarzt.

... benötigen sie Wasser und Licht.

... obwohl das Pulver mit einem Schneebesen untergerührt wurde.

a) Bens Pudding hat Klümpchen, ______________________________

____

b) Damit Pflanzen wachsen können, ______________________________

____

c) Weil Franziska Zahnschmerzen hat, ______________________________

____

d) Man kann Strom sparen, ______________________________

____

e) Wenn es schneit, ______________________________

____

f) Lars hat so viel gegessen, ______________________________

____

b) Schreibe die Konjunktionen heraus und gib in deinem Übungsheft an, welche Art des Adverbialsatzes sie jeweils einleiten.

1 **Verwandle die unterstrichenen Satzglieder in einen Subjektsatz.**

a) Der Verletzte muss auf der Ersatzbank sitzen.

Wer verletzt ist, ________________________________.

b) Die Folgen des Klimawandels sind heute jedem bekannt.

Dass ________________________________.

c) Das Bestehen der Prüfung ist für Dennis sehr wichtig.

Dass ________________________________.

d) Das Teure muss nicht unbedingt das Beste sein.

Was ________________________________.

e) Ihre Teilnahme am Turnier ist noch ungewiss.

Ob ________________________________.

2 **Unterstreiche die Nebensätze. Bei welchen Nebensätzen handelt es sich um Objektsätze? Kreuze an.**

a) ◯ Durch Umfragen wollten wir herausfinden, ob die Behauptung stimmt.

b) ◯ Wer zu spät kommt, muss die Suppe kalt essen.

c) ◯ Ich weiß nicht genau, ob ihre Lieblingsfarbe rot oder orange ist.

d) ◯ Viktor hat angegeben, dass er um diese Uhrzeit an der Bushaltestelle war.

e) ◯ Marie strengte sich an, sodass sie das Wettrennen gewinnen konnte.

f) ◯ Dass wir uns versteckt hatten, war keine gute Idee.

g) ◯ Die vielen Wildtiere zu sehen, wird für die Reisenden sehr spannend werden.

h) ◯ Andreas muss viel nachholen, weil er lange gefehlt hat.

3 **Handelt es sich bei den Nebensätzen um Subjekt- oder Objektsätze? Gib auch die Art der Nebensätze an (Konjunktionalsatz, Infinitivsatz oder indirekter Fragesatz). Schreibe die Lösungen in dein Übungsheft.**

a) Dass Lisa für die Feier etwas mitbringt, ist selbstverständlich.
b) Wir erwarten, viele Stars in diesem Restaurant zu treffen.
c) Die Polizei muss noch nachweisen, ob die Frau die Diebin ist.
d) Die Überraschungsfeier geheim zu halten, wird nicht einfach werden.
e) Svenja schlägt im Kalender nach, wann die Ferien beginnen.

4 **a) Verbinde die Adverbialsätze mit der richtigen Bestimmung.**

a) Jan entschuldigte sich bei seiner Mutter, indem er ihr einen Kuchen backte.
b) Als die Schauspieler die Bühne betraten, wurden sie mit großem Beifall begrüßt.
c) Vor dem Sonnenbad musst du dich eincremen, damit du dich nicht verbrennst.
d) Sie trug einen Wollschal, weil sie starke Halsschmerzen hatte.
e) Sie schlich sich aus dem Saal, ohne dass es jemand merkte.
f) Der Wind war so kalt, dass Felix eine Gänsehaut bekam.
g) Obwohl Peter oft an den Matheaufgaben verzweifelte, gab er nicht auf und lernte weiter.
h) Wir treffen uns heute Mittag dort, wo die alte Eiche steht.
i) Falls es schneit, fahren wir in die Berge zum Skilaufen.

Lokalsatz
Konditionalsatz
Konzessivsatz
Modalsatz
Temporalsatz
Finalsatz
Kausalsatz
Modalsatz
Konsekutivsatz

b) Schreibe alle Konjunktionen heraus.

Die Testauswertung findest du auf Seite 125.

4 Zeichensetzung

Die Zeichensetzung ist wichtig, denn mit ihrer Hilfe kannst du Sätze und Texte so gliedern, dass deine Leser sie gleich auf den ersten Blick verstehen. In diesem Kapitel übst du die Kommasetzung bei Einschüben und Erläuterungen, bei Partizip- und Infinitivgruppen.

- Mach als Erstes den Diagnosetest und vergleiche deine Antworten mit den Lösungen auf S. 126.
- Die Auswertungstabelle im Lösungsteil zeigt dir, was du schon gut kannst und was du noch trainieren solltest.
- Trainiere nach der Auswertung die Bereiche, in denen du noch Fehler gemacht hast. Genaue Seitenangaben findest du in der Tabelle.
- Mit dem Abschlusstest auf S. 43 findest du heraus, ob du genug geübt hast.

1 **Unterstreiche in den folgenden Sätzen die Appositionen, Parenthesen und nachträglichen Erläuterungen und bestimme sie. Trage die Kommas ein.**

a) 1922 bekam Albert Einstein ein berühmter Wissenschaftler den Nobelpreis für Physik.

b) Amelie sie wird morgen an einem Segelkurs teilnehmen packt ihre Wind- und Wetterjacke ein.

c) Timo der Freund meiner großen Schwester ist sehr stolz auf seinen neuen Motorroller.

d) Wir wollen uns heute Nachmittag treffen und zwar um 16.00 Uhr.

e) Die Waldstraße eine kleine Straße am Ortsrand wird neu geteert.

f) Nina interessiert sich sehr für Sport vor allem für Leichtathletik.

g) In Bio Lisas Lieblingsfach ist sie die Beste.

h) Unserem Nachbar er hat schon einen Dackel namens Waldi ist gestern ein Welpe zugelaufen.

2 **Finde die vier Partizipgruppen und setze die Kommas.**

Unsere Mutter in ihren blauen Morgenmantel gehüllt kochte Kaffee und bereitete Pfannkuchen zu, während wir den Frühstückstisch deckten. Vater seine Umgebung kaum wahrnehmend las in der Zeitung. Plötzlich wurde die morgendliche Ruhe gestört. Mutter aus vollem Halse lachend blickte zur Zimmerdecke. Dort klebte der Pfannkuchen, den sie durch einen Wurf in der Pfanne hatte drehen wollen. Sie stieg die Küchenleiter hinauf und entfernte den Pfannkuchen. Immer noch kichernd beschloss sie, uns nun Toast mit Marmelade zu servieren. Satt und froh konnten wir schließlich zum Schulbus laufen und unsere Eltern zur Arbeit fahren.

3 **Unterstreiche die Infinitivgruppen und setze die Kommas.**

a) Antonia nimmt sich vor morgen für ihre Geburtstagsfeier einzukaufen.

b) Ohne zu zögern lief der Detektiv dem Ladendieb hinterher.

c) Es ist nicht einfach mit fünf Bällen zu jonglieren.

d) Anstatt vor dem Computer zu sitzen sollten wir lieber das schöne Sommerwetter genießen.

e) Mein Vater nahm den Zug um pünktlich am Flughafen zu sein.

f) Wir freuen uns darauf am Abend im Garten zu zelten.

g) Markus hat heute keine Zeit sich mit seinen Freunden zu treffen.

h) Sie schaltete das Handy ein um ihrer Freundin eine SMS zu schicken.

i) Bei Wind und Wetter den Strand entlang zu wandern das gefiel uns gar nicht.

Die Testauswertung findest du auf Seite 127.

Einschübe und Erläuterungen

Merke dir

Appositionen (nachgestellte Beifügungen / Beisätze) werden in Kommas eingeschlossen oder durch Komma vom übrigen Satz getrennt.

Max**,** *der Sohn unserer neuen Nachbarn***,** kommt heute mit ins Kino.
Das ist Melissa**,** *meine beste Freundin*.

Parenthesen (eingeschobene Hauptsätze / Schaltsätze) schließt du in Kommas ein.

Der Koffer**,** *er war randvoll mit Kleidung und Geschenken gefüllt***,** ließ sich kaum anheben.

Nachgestellte Erläuterungen trennst du vom übrigen Satz durch Kommas ab. Sie können durch folgende Ausdrücke eingeleitet werden: *das heißt (d. h.), zum Beispiel (z. B.), unter anderem (u. a.), und zwar, nämlich, besonders, insbesondere, vor allem …*

Sie isst am liebsten Pasta**,** vor allem mit Tomatensoße.

1 **Setze Kommas und kreuze an, warum du sie gesetzt hast (A = Apposition, P = Parenthese, NE = nachgestellte Erläuterung).**

	A	P	NE
a) Gestern Abend ein Gewitter zog gerade auf wartete Melanie am Bahnhof auf ihre Eltern.	○	○	○
b) Theresa die Gewinnerin des Reitturniers freute sich sehr über den gewonnenen Kinogutschein.	○	○	○
c) Wir wollen am Samstag etwas ganz Besonderes unternehmen nämlich tanzen gehen.	○	○	○
d) Nico er wohnt in Mainz zieht für ein Jahr zu seiner Tante Jackie nach Australien.	○	○	○
e) Der Freizeitpark bietet viele Attraktionen unter anderem eine Achterbahn.	○	○	○
f) Er der ältere Herr mit dem schwarzen Hut hat seinen Schirm hier vergessen.	○	○	○
g) Goethe einer der bekanntesten deutschen Dichter schrieb das Gedicht „Der Totentanz“.	○	○	○

Komma bei Partizipgruppen

Merke dir

Partizipgruppen werden vom übrigen Satz durch Komma abgetrennt, wenn sie durch ein **hinweisendes Wort** oder eine Wortgruppe angekündigt oder wieder aufgenommen werden.

> **Auf diese Weise,** einen Picknickkorb in der rechten Hand tragend und eine Wolldecke unter den linken Arm geklemmt**,** kam er uns entgegen. (**vorangestellter Hinweis**)
> Einen Picknickkorb in der rechten Hand tragend und eine Wolldecke unter den linken Arm geklemmt**, so** kam er uns entgegen. (**nachgestellter Hinweis**)

Auch Partizipgruppen, die einem Nomen oder Pronomen **als Erläuterung** oder als **Zusatz** folgen, musst du durch ein Komma abtrennen.

> **Der Mann,** den Rucksack auf seinen Schultern tragend**,** stieg den Berg hinauf.

In allen anderen Fällen ist es dir bei Partizipgruppen freigestellt, ein Komma zu setzen. Wenn du Missverständnisse vermeiden möchtest oder die Gliederung eines komplizierteren Satzes deutlicher machen willst, kannst du aber Kommas setzen.

> Vor Kälte bibbernd [**,**] liefen sie schnell nach Hause.

2 **Forme die beiden Sätze jeweils so um, dass der markierte Teil zu einer Partizipgruppe wird. Unterstreiche die Partizipgruppe und beachte die Kommasetzung.**

a) Marius schwitzt bei dieser Hitze. Er nimmt eine Abkühlung im Badesee.

____

b) Das Mädchen summt ein Lied. Sie kauft sich ein großes Erdbeereis.

____

c) Die Kinder standen vor dem hohen Zaun. Sie reckten ihre Hälse in die Höhe.

____

d) Die Frau war vor Aufregung geschockt. Sie sagte kein Wort.

____

Komma bei Infinitivgruppen

Merke dir

Du musst zwischen Hauptsatz und **Infinitivgruppen** in folgenden Fällen ein Komma setzen:

- Eine Infinitivgruppe wird mit *als, anstatt, außer, ohne, statt* oder *um* eingeleitet.
  Er half der Frau**, ohne** an die Gefahren zu denken.
- Die Infinitivgruppe wird durch Wörter wie *daran, dazu, es* oder *darauf* angekündigt.
  Mir fällt **es** schwer, mit Stäbchen zu essen.
- Infinitivgruppen, die von einem Nomen abhängen, trennst du auch durch Kommas, auch wenn das Nomen nachgstellt ist.
  Er hatte nicht die **Zeit**, auf den nächsten Zug zu warten.
  Auf den nächsten Zug zu warten, hatte er nicht die **Zeit**.

In allen anderen Fällen musst du bei Infinitivgruppen nur dann ein Komma setzen, wenn du Missverständnisse vermeiden möchtest oder der Satz durch die Kommas übersichtlicher wird.

3 **a) Ergänze die folgenden Sätze durch Infinitivsätze und deren hinweisende Wörter. Benutze die angebotenen Wortgruppen und denke an die Zeichensetzung.**

als Sängerin berühmt werden – im Meer tauchen – nicht geübt haben – die berühmten Personen interviewen – schneller an der Eisdiele sein – mit der Straßenbahn fahren

a) Die musikalische Annette träumt davon ______

b) Rebecca ging zu Fuß ______

c) Frederik schrieb im Test eine Zwei ______

d) Tina nahm eine Abkürzung ______

e) Michelle liebt ______

f) Die Reporter standen bereit ______

b) Schreibe die Wörter heraus, nach bzw. vor denen das Komma bei einer Infinitivgruppe stehen muss.

1 **Markiere im folgenden Text die Appositionen blau, die Parenthesen rot und die nachgestellten Erläuterungen grün. Setze die fehlenden Kommas.**

Sue ein Mädchen aus dem Zirkus kam für drei Wochen in unsere Klasse. Bereits am ersten Tag fragten sie einige von uns, ob sie denn selbst auch im Zirkus auftreten würde. Sue erklärte, dass sie schon im Alter von sechs Jahren mit der Akrobatik angefangen habe insbesondere am Trapez. Ihre Tante eine gute Hochseilartistin würde dreimal die Woche mit ihr für die Vorstellungen üben. Die Auftritte sie sind immer sehr anstrengend und benötigen viel Vorbereitungszeit machen Sue Spaß. Dennoch möchte sie später einen anderen Beruf ausüben nämlich Krankenschwester.

Noch am gleichen Tag lud uns Sue zu einer Zirkusvorstellung ein. Alle freuten sich darüber vor allem Kevin. Er schien Sue besonders nett zu finden. Seine Wangen sie färbten sich in ihrer Anwesenheit dunkelrot ließen dies zumindest erahnen. Doch Kevin ein besonders schüchterner Junge stritt es ab. Allerdings erlebte er nach der Vorstellung eine schöne Überraschung: Kevin bekam von Sue ein Geschenk und zwar ein Lebkuchenherz. Und zwischen Sue und Kevin entstand eine tolle Freundschaft.

2 **Unterstreiche die Partizipgruppen und setze die Kommas. In welchen zwei Fällen muss nicht unbedingt ein Komma stehen? Schließe diese Kommas in eckige Klammern ein.**

a) Gespannt und aufgeregt wickelte Tim die Geburtstagsgeschenke aus.
b) Verblüfft und überrascht so standen wir vor Vera und betrachteten ihr Karnevalskostüm.
c) Sie lief von ihren Freunden und Bekannten angefeuert ihre Bestzeit.
d) Dann endlich in Spanien gelandet fuhren wir mit dem Taxi zum Hotel.
e) Der Clown längst angekleidet und geschminkt wartet ungeduldig auf seinen Auftritt.
f) Florian zunächst noch zögernd wagte sich schließlich doch den Burgturm hinauf.
g) Begeistert von dem grandiosen Auftritt warfen einige Zuschauer sogar Blumen auf die Bühne.
h) Christina gespannt auf das Ende der Radiogeschichte rückte näher an den Lautsprecher.
i) Unsere Katze geduldig abwartend erwischte die Maus schließlich doch noch.
j) Am Abend schliefen wir von der langen Wanderung erschöpft ganz schnell ein.

3 **a) Lies die folgenden Sätze mit Infinitivgruppen und trage die Kommas ein.**

a) Florians Wunsch ist es einmal einen Koalabären zu streicheln.

b) Den Vorwurf ein Spielverderber zu sein wollte er nicht auf sich sitzen lassen.

c) Lisa dachte nicht daran sich auf solch ein Abenteuer einzulassen.

d) Ohne noch länger zu zögern drehte sich Maja um.

e) Darauf sich für die Feier verkleiden zu müssen freute sich Melissa schon sehr.

b) Unterstreiche alle Wörter, die darauf hinweisen, dass ein Komma stehen muss.

Die Testauswertung findest du auf Seite 130.

5 Groß- und Kleinschreibung

Hat Pit eine zwei oder eine Zwei in Englisch? Und schreibt man „Englisch" hier wirklich groß? – Löse die Aufgaben in diesem Kapitel, und dir geht bei der Groß- und Kleinschreibung nichts mehr schief.

- Mach als Erstes den Diagnosetest und vergleiche deine Antworten mit den Lösungen auf S. 131.
- Die Auswertungstabelle im Lösungsteil zeigt dir, was du schon gut kannst und was du noch trainieren solltest.
- Übe nach der Auswertung die Bereiche, in denen du noch Fehler gemacht hast. Genaue Seitenangaben findest du in der Tabelle.
- Mit dem Abschlusstest auf S. 54 findest du heraus, ob du fit bist.

1 Kreuze die richtige Schreibung an.

a) ○ Zweiter Weltkrieg
○ zweiter Weltkrieg

b) ○ das olympische Feuer
○ das Olympische Feuer

c) ○ Karl der große
○ Karl der Große

d) ○ der Deutsche Schäferhund
○ der deutsche Schäferhund

e) ○ der schiefe Turm von Pisa
○ der Schiefe Turm von Pisa

f) ○ der große Bär am Himmel
○ der Große Bär am Himmel

g) ○ die schwarze Witwe
○ die Schwarze Witwe

h) ○ das neue Jahr
○ das Neue Jahr

2 Welche Schreibung ist richtig? Markiere den großen oder kleinen Buchstaben.

M/münchner Weißwurst

M/meißner Porzellan

Sch/schweizer Käse

I/italienischer Salat

W/westfälischer Friede

B/brandenburger Tor

B/berliner Luft

B/bonner Politik

T/thüringer Bratwurst

K/kölner Dom

Sch/schwäbische Alb

3 Vervollständige die Lücken mit den vorgegebenen Wörtern.

französisch – rot – schwarz– russisch – grün – italienisch

a) Mit seiner Antwort hat der Kandidat ins ____________________ getroffen.
An Fasching hatte Leonie ihre Fingernägel ____________________ lackiert.

b) Brokkoli ist ein Gemüse, das immer ____________________ ist.
Rebecca mag ____________________ sehr.

c) Zu den Weltsprachen gehört auch russisch.
Borschtsch ist ein Russischer Eintopf.

d) Für seine Italienreise packte er sein italienisch Wörterbuch in den Koffer.
Das Buch ist ins Italienische übersetzt worden.

e) Die Frau kaufte sich einen Lippenstift in rot.
Ein Rotes Auto stand gestern auf diesem Parkplatz.

f) Sein Französisch wird immer besser.
In Paris werden sie nur französisch miteinander sprechen.

4 Ersetze die Ziffern durch entsprechende Zahlwörter.

a) Damit die Kinder nicht gesehen wurden, mussten sie auf allen ④ Vieren kriechen.

b) Er aß ein ④ Viertel des Kuchens ganz alleine.

c) Laura rechnete aus, dass ② zwei mal ② zwei ④ vier ist.

d) Jeder ③ Dritte in der Umfrage wollte die Frage nicht beantworten.

e) Schneewittchen lebte bei den ⑦ sieben Zwergen.

f) Wir fahren bis zur U-Bahnstation ③ drei.

g) Nach den Ferien kommt Marc in die ⑧ Achte Klasse.

h) Sie wohnen in dem Haus mit der Nummer ⑤ fünf.

i) Eigentlich hatte sich Ben vorgenommen, beim Wettkampf mindestens ⑤ Fünfter zu werden.

j) Ein ③ Drittel der Kinder stimmte für den Ausflug in den Tierpark.

5 **Markiere, ob das Zahlwort in den Sätzen groß- oder kleingeschrieben wird.**

a) In der Eisdiele ist bei diesen Sommertemperaturen E/einiges los.

b) Die Ärzte haben A/alles versucht, der Patientin zu helfen.

c) Für den Ausflug ins Museum haben sich nur W/wenige angemeldet.

d) Für sein Referat kann er V/vieles im Internet nachlesen.

e) Im Fußballlager hatten die Jungen auch V/viel Freizeit zur Verfügung.

f) Die Schauspielerin hat das gewisse E/etwas.

Die Testauswertung findest du auf Seite 132.

Eigennamen, feststehende Begriffe

Merke dir

Adjektive in **feststehenden Begriffen** wie Namen, Titeln, Amtsbezeichnungen, Tierarten und Tierrassen, besonderen Kalendertagen oder historischen Ereignissen schreibst du **groß**.
die **D**eutsche Dogge, der **E**rste Mai, die **F**ranzösische Revolution, Friedrich der **G**roße

Folgende feststehende Begriffe solltest du dir merken. Sie werden oft als Namen gesehen, sind aber keine. Du musst sie in der Regel **kleinschreiben**:
die mittlere Reife, der italienische Salat, eine schöne Bescherung

1 **Löse die Rätsel und achte dabei auf die richtige Schreibung.**

a) Anderer Name für den Planeten Mars: _ _ t _ _   _ _ a _ _ _

b) Die Anrede eines Königs lautet:
_ ö _ _ _ _ _ _ _ _   _ _ h _ _ _

c) Eine Spinnenart: Schwarze Witwe

d) Berühmtes Bauwerk in China: _ _ _ n _ _ _ _ _ _ _ Mauer

e) Wohnsitz des amerikanischen Präsidenten: das Weiße Haus

f) Die Abkürzung BGB steht für:
_ ü _ _ _ _ _ _ _ _ _ _   _ _ _ _ _ _ b _ _ _

g) Cowboys und Indianer lieferten sich dort Kämpfe:
Wilder Westen

h) Teneriffa gehört zu welcher Inselgruppe:
Canarische Ineln

i) Teil der Bibel: Neues Testament

Herkunfts- und Ortsbezeichnung

Merke dir

Herkunfts- und Ortsbezeichnungen, die auf *-er* enden, schreibst du **groß:**

Kölner Dom **Münchener** Oktoberfest **Berliner** Bär

Auf ***-isch*** endende Herkunfts- und Ortsbezeichnungen schreibst du meistens klein, außer wenn sie fester Bestandteil eines Eigennamens sind.

thailänd**ische** Küche, **s**pan**ische** Tänze, **a**frikan**ische** Sitten und Bräuche

aber: der **Indische** Ozean

2 **Markiere alle Herkunfts- und Ortsbezeichnungen, die in den Sätzen versteckt sind, und schreibe sie in der richtigen Groß- und Kleinschreibung heraus.**

a) daskreuzfahrtschiffüberquertdenatlantischenozean.

b) siewohnenineinemorthinterderholländischengrenze.

c) meinegroßmutterisstgernelübeckermarzipan.

d) derfrankfurterflughafenistdergrößtedeutscheflughafen.

e) diemeistenspaniergehörenderkatholischenkirchean.

f) ausdemurlaubhabenwirbelgischepralinenmitgebracht.

g) erhatdieamerikanischestaatsbürgerschafterhalten.

h) dieklassebesichtigtedenmainzerdom.

i) morgenkochtmeinvaterungarischesgulasch.

j) heutelerntenwiretwasüberdenwestfälischenfrieden.

Farb- und Sprachbezeichnungen

Merke dir

Farb- und **Sprachbezeichnungen** schreibst du **groß**, wenn vor ihnen eine **Präposition** steht und sie nominalisiert werden..

Wir werden **in E**nglisch von einer Frau unterrichtet.
Sie erzählte mir einen Witz **auf H**essisch.
Das T-Shirt gab es auch **in L**ila.
Bei Rot bleibt man stehen.
Das Gelb ist sehr knallig.

Sprachbezeichnungen musst du auch großschreiben, wenn sie die Sprache einer bestimmten Gruppe bezeichnen oder nominalisiert werden.

Sie spricht gut / kein **E**nglisch.
ins (in das) Spanische übersetzen

Beziehen sich Farb- und Sprachbezeichnungen auf ein **folgendes Nomen**, dann schreibst du sie klein. Kannst du nach einer Sprachbezeichnung mit *wie* fragen, schreibst du sie gleichfalls klein.

Der **schwarze** **R**ock ist neu.
Sie mag **türkische** **S**peisen besonders gern.
Er spricht mit seiner Schwester **englisch**.

3 **Vervollständige die Sätze.**

a) Morgen haben wir in der ersten Stunde Französisch. (französisch)
b) Heute trägt er ein graues Hemd. (grau)
c) Das Haus steht etwas abgelegen im Grünen. (grün)
d) Das Weiß an den Wänden gefällt mir gut. (weiß)
e) An vielen Schulen wird russisch als dritte Fremdsprache angeboten. (russisch)
f) Meine spanische Aussprache ist besser geworden. (spanisch)
g) Mit ______ kann ich mich zum Beispiel in Tunesien verständigen. (französisch)
h) Er spricht kein Deutsch. (deutsch)
i) Das Rot ihrer Wangen war nicht zu übersehen. (rot)
j) Vor Aufregung war sie im Gesicht ganz Weiß. (weiß)
k) Er sang seiner Freundin ein Lied auf englisch vor. (englisch)

Zahlwörter

Merke dir

Grundzahlen: Du schreibst sie immer klein, außer du gebrauchst sie als Nomen. Du erkennst nominalisierte Grundzahlen an ihren Begleitern (z. B. Artikel, Pronomen).

Ich habe mir zwei Kugeln Eis gekauft.
Ich habe endlich **eine Zwei** in Sport bekommen.

Ordnungszahlen: Du schreibst sie nur dann klein, wenn sie vor einem Bezugswort stehen. Gebrauchst du sie als Nomen, schreibst du sie groß. Du erkennst die Nominalisierung wieder an den Begleitern.

Sie startete als vorletzte **Teilnehmerin** ins Rennen.
Sie waren **die Ersten** auf dem Spielfeld.

Bruchzahlen: Wenn Bruchzahlen vor einer Maßeinheit stehen, dann schreibst du sie entweder klein und getrennt oder groß und zusammen. Ansonsten schreibst du sie groß.

ein **viertel Liter** Wasser *oder* ein **Viertelliter** Wasser
ein **Achtel**, ein **Viertel**

4 **Setze richtig ein und gib in den Klammern an, ob es sich um eine Grundzahl (G), eine Ordnungszahl (O) oder eine Bruchzahl (B) handelt.**

a) (___) Wir ____________ sind ein unschlagbares Team. ZWEI

b) (___) Mit __________________ wird man volljährig. ACHTZEHN

c) (___) Anne kann schon bis __________________ zählen. SECHZIG

d) (___) Die __________________ werden LETZTEN

die __________________ sein. ERSTEN

e) (___) Die Wandergruppe ist schon ein __________________ DRITTEL

des Weges gelaufen.

f) (___) Der __________________ bitte! NÄCHSTE

g) (___) Gestern war Freitag, der ________________________. DREIZEHNTE

h) (___) Er kam als __________________ ins Ziel. ZEHNTER

i) (___) Sie startete als __________________ Teilnehmerin ins Rennen. VIERTE

j) (___) Meine Glückszahl ist die ____________. FÜNF

Unbestimmte Zahlwörter

Merke dir

Unbestimmte Zahlwörter wie *viel, wenig, eine, andere, manche, jede, beide* oder *einige* schreibst du **klein.**

Wir hatten **viel** Freizeit.
Wir aßen **beide** ein Stück vom Kuchen.

Du schreibst **unbestimmte Zahlwörter** nur dann **groß**, wenn du sie als Nomen gebrauchst. Du erkennst sie an ihrem Begleiter (v.a. Artikel, unbestimmte Mengenangaben):

alles **Übrige**
das gewisse **Etwas**

Gibst du mit *dutzend, hundert* oder *tausend* unbestimmte Mengen an, dann können diese groß- oder kleingeschrieben werden.

Zum letzten Konzert des berühmten Rockstars kamen **tausende / Tausende.**

5 Kreuze die richtige Schreibweise an.

a) ◯ Auf dem Rummelplatz war am Wochenende einiges los.
◯ Auf dem Rummelplatz war am Wochenende Einiges los.

b) ◯ Die einen wollen länger schlafen, andere sind Frühaufsteher.
◯ Die einen wollen länger schlafen, Andere sind Frühaufsteher.

c) ◯ Ich frage mich, was das Alles soll.
◯ Ich frage mich, was das alles soll.

d) ◯ Nicht jeder wollte an dem Sackhüpfen teilnehmen.
◯ Nicht Jeder wollte an dem Sackhüpfen teilnehmen.

e) ◯ An diesem Tag kam wirklich Vieles zusammen.
◯ An diesem Tag kam wirklich vieles zusammen.

f) ◯ Nur wenige kennen die ganze Geschichte.
◯ Nur Wenige kennen die ganze Geschichte.

g) ◯ Ich finde, dass Beide gut auf ihre kleine Schwester aufgepasst haben.
◯ Ich finde, dass beide gut auf ihre kleine Schwester aufgepasst haben.

1 **Entscheide, ob die folgenden Eigennamen, feststehenden Begriffe, Herkunfts- und Ortsbezeichnungen groß- oder kleingeschrieben werden. Markiere den richtigen Buchstaben.**

a) die C/chinesische Mauer

b) das T/tote Meer

c) der P/persische Golf

d) der H/holländische Käse

e) der G/griechische Salat

f) der K/kölner Karneval

g) der I/italienische Wein

h) die N/nürnberger Lebkuchen

i) die O/ostfriesischen Inseln

j) das E/englische Forschungsteam

k) der W/wilde Westen

l) der H/hamburger Hafen

m) die F/französische Grenze

n) die K/karibischen Inseln

o) das W/wiener Schnitzel

2 **Vervollständige die Lücken in der richtigen Groß- und Kleinschreibung. Du musst die Wörter dem Satzsinn nach verändern.**

Mein Onkel Fritz gibt meinem Freund Tim und mir manchmal Nachhilfe in ______________ (ENGLISCH). Er ist mit der ______________ (ENGLISCH) Sprache aufgewachsen, da seine Mutter Engländerin war. Er kommt immer viel zu spät in seinem ______________ (SCHWARZ) Auto angebraust. Heute hat er das gleiche T-Shirt von letzter Woche an, nur nicht in ______________ (BLAU), sondern in einem schicken ______________ (TÜRKIS). Onkel Fritz hat sich für die heutige Stunde etwas Tolles überlegt. Er fährt mit uns ins ______________ (GRÜN). In der Schule und auch in den Nachhilfestunden versucht Onkel Fritz, hauptsächlich ______________ (ENGLISCH) mit uns zu sprechen. Aber er lässt sich auch gerne zu Späßen überreden. Besonders mag Onkel Fritz das Erzählen von Witzen auf ______________ (HESSISCH) oder das Vortragen von Gedichten, natürlich in ______________ (HESSISCH) Dialekt. Wenn das meine Mutter wüsste, dann würde sie für meine Englischnote gleich ______________ (SCHWARZ) sehen. Aber sie braucht keine Bedenken zu haben, meist lernen wir wieder schnell weiter, da Tim und ich Schwierigkeiten haben, Onkel Fritz zu verstehen. Außerdem wollen wir ja das ______________ (ENGLISCH) lernen. Denn in den Englischarbeiten hilft es uns nichts, wenn wir ein Wort auf ______________ (HESSISCH) schreiben können.

3 **Ordne die Zahlwörter, die in den Sätzen vorkommen, der Tabelle zu. Trage die Begriffe bei der Klein- oder Großschreibung ein.**

a) MARC HAT FÜRS ERSTE DIE NASE VOLL VON DEN AUFRÄUMARBEITEN.
b) NATHALIE SCHREIBT GEWÖHNLICH IN DEN VOKABELTESTS DREIEN.
c) VANESSA HAT SCHON VIELES FÜR DIE PARTY EINGEKAUFT.
d) AM ERSTEN DES MONATS BEKOMMT OLIVER SEIN GEHALT.
e) MARIE HAT ZUM ZWEITEN MAL AN EINEM REITTUNIER TEILGENOMMEN.
f) JEDER VIERTE IN DIESEM SAAL TRÄGT EINEN SCHICKEN HUT.
g) BEI DIESER GALA GINGEN DIE SPENDEN IN DIE MILLIONEN.
h) AM TISCH SITZEN IMMER VIER PERSONEN ZUSAMMEN.
i) DIE PLATZIERUNGEN FÜNF BIS ZEHN STANDEN LINKS AUF DER BÜHNE.
j) ER HAT SCHON WIEDER EINE EINS IN MATHE.
k) SIE VERBRACHTEN WENIG ZEIT MITEINANDER.
l) ER GAB ALS VORLETZTER DEN FRAGEBOGEN AB.
m) DIE ZAHLLOSEN FANS BEJUBELTEN IHRE MANNSCHAFT.
n) ICH SCHAUTE MIR DIE ANDEREN AUSSTELLUNGSSTÜCKE AN.
o) THORSTEN MUSSTE SICH VON SEINEM FREUND PAUL EINEN FÜNFER BORGEN.
p) OMA WILL IMMER ALLES BIS INS EINZELNE WISSEN.
q) JENNY LANDETE BEIM RÜCKENSCHWIMMEN AUF DEM LETZTEN PLATZ.

Zahlwörter	Kleinschreibung	Großschreibung
Grundzahlen		
Ordnungszahlen		
Unbestimmte Zahlwörter		

6 Getrennt oder zusammen?

Die Getrennt- und Zusammenschreibung ist im Deutschen oft eine knifflige Angelegenheit. Worauf du dabei besonders achten musst, lernst du im folgenden Kapitel.

- Mach als Erstes den Diagnosetest und vergleiche deine Antworten mit den Lösungen auf S. 136.
- Die Auswertungstabelle im Lösungsteil zeigt dir, was du schon gut kannst und was du noch trainieren solltest.
- Übe nach der Auswertung die Bereiche, in denen du noch Fehler gemacht hast. Genaue Seitenangaben findest du in der Tabelle.
- Mit dem Abschlusstest auf S. 71 findest du heraus, ob du fit bist.

Diagnosetest: Getrennt oder zusammen?

1 **Trenne die folgenden Wörter nach ihren Silben und Bestandteilen.**

a) rasten: ras-ten
b) Kindheit: Kind-heit
c) Dusche: Du-sche
d) Vogel: Vo-gel
e) Reise: Rei-se
f) freuen: freu-en
g) flüstern: flüs-tern
h) meistens: meis-tens
i) Flasche: Fla-sche
j) Mauer: Mau-er
k) nähen: nä-hen
l) Tischbein: Tisch-bein

2 **Welche Wörter müssen getrennt geschrieben werden? Markiere sie und schreibe sie anschließend richtig in dein Übungsheft. Achte auch auf die Groß- und Kleinschreibung.**

lesenüben	übriglassen	das Kopfrechnen	rotanstreichen
beim Bergsteigen	essengehen	lautstellen	frischhalten
einkaufengehen	Schlangestehen müssen	Autofahren	warmanziehen
laufenlernen	leisesprechen	badengehen	kleinerschneiden
zum Sonnenbaden	beim Radfahren	kürzertreten	Skilaufen
das Eislaufen	schreibenlernen	schätzenlernen	Kuchenbacken

3 **Schreibe die Bandwurmsätze in der richtigen Schreibung auf. Beachte die Getrennt- und Zusammenschreibung und die Groß- und Kleinschreibung.**

a) dieaufgabesollteeuchausdemunterrichtbekanntsein. ______________________

____

b) wiekannstdudirbeidiesersachesosichersein? ______________________

____

c) wirwarennachderlangenwanderunggarnichtmüde. ____________________

____

d) ichhabeheutegarkeinenhungeraufspinatmitkartoffeln. ____________________

____

e) könntihrbitteleisesein! ____________________

f) meineturnschuhedürftennachdiesemlaufhinübersein. ____________________

____

g) dasmachtdochgarnichts. ____________________

____

4 **Kreuze die richtige Schreibung an. In welchen Fällen sind beide Schreibungen möglich?**

a) ◯ rasendwerden
◯ rasend werden

b) ◯ gelbgefärbt
◯ gelb gefärbt

c) ◯ gestochen scharf
◯ gestochenscharf

d) ◯ hilfesuchend
◯ Hilfe suchend

e) ◯ geliehenbekommen
◯ geliehen bekommen

f) ◯ gerammelt voll
◯ gerammeltvoll

g) ◯ gefangen halten
◯ gefangenhalten

h) ◯ bunt gefiedert
◯ buntgefiedert

5 **Führe die Betonungsprobe durch und unterstreiche alle blau gedruckten Wörter, die du getrennt schreiben musst. Trage sie richtig geschrieben in dein Übungsheft ein.**

jemandem Mut zusprechen

Hausaufgaben zumachen

ein Paket zustellen

einen Fehler zugeben

das Klavier zustimmen

teilnehmen zulassen

die Nase zuhalten

die Augen zuschließen

6 **a) Setze ein Wort von der linken Seite mit einem Wort auf der rechten Seite zusammen.**

a) felsen…	fahren	*felsen…* fest
b) Bilder…	zaun	Bilderrahmen
c) irre…	hoch	irreleiten
d) lebens…	rahmen	Lebensfremd
e) teil…	fest	teilhaben
f) schlaf…	mutig	schlafwandeln
g) kinder…	leiten	kinderreich
h) heim…	wandeln	heim fahren
i) meter…	reich	meter hoch
j) Garten…	fremd	Gartenzaun
k) todes…	haben	todesmutig

b) **Um welche Zusammensetzungen handelt es sich jeweils? Trage die Buchstaben entsprechend ein.**

Nomen + Nomen Bilderrahmen Gartenzaun.

Nomen + Verb ~~med~~ irreleiten, teilhaben, schlafwandeln, heimfahren,

Nomen + Adjektiv mauerhoch, kinderreich, felsenfest todesmutig lebensfremd

7 **Finde die drei falsch geschriebenen Wörter und korrigiere sie. Achte auf die Groß- und Kleinschreibung und auf die Getrennt- und Zusammenschreibung.**

a) Rebecca ist im Gegensatz zu ihren Freundinnen sehr schlagfertig.

b) Er hat das Buch schon mehr mals gelesen.

c) Der Journalist hat Brand neue Informationen.

d) Seit der neuen Tiersendung ist Lea richtig Fernseh süchtig.

e) Die Sängerin hatte eine wunderschöne Stimme.

____

____

____

8 **Ordne die folgenden Wörter einer Tabellenspalte zu.**

vollenden – weissagen – weglaufen – hinzukommen – aufgehen – einladen – zerschneiden – überreden – umwerfen – beherrschen

Trennbare Verben	Untrennbare Verben

Wörter trennen

Merke dir

Zusammengesetzte Wörter trennst du nach ihren Einzelbestandteilen:
Baum-haus, Fahr-stuhl

Wörter aus mehreren Silben trennst du nach Sprechsilben:
zah-len, Kin-der

Bestandteile von zusammengesetzten Wörtern trennst du ebenfalls nach Sprechsilben:
Kin-der-zim-mer, Zahn-bürs-te

Steht **bei mehrsilbigen Wörtern ein Konsonant zwischen zwei Vokalen**, dann beginnt die abgetrennte Silbe mit dem Konsonanten:
Besen → Be-sen   fragen → fra-gen

Wenn **mehrere Konsonanten aufeinander folgen**, trennst du nur den letzten ab:
Tas-se, Hams-ter

Nicht getrennt werden
- einzelne Vokale: aber, Efeu, Öse
- einsilbige Wörter: Baum, Kind
- die **Buchstabenfolgen** *ai, au, äu, ei, eu* und *ai*: Kai-ser, Mei-se
- **Mehrfachkonsonanten wie** *ch, sch, ph, rh, th* und *ck*, die als **ein Laut** gesprochen werden: Ta-sche, Mü-cke

1 **Finde die gesuchten Begriffe und schreibe sie mit der richtigen Silbentrennung in dein Übungsheft. Der Kasten hilft dir dabei.**

ma	son	erd	ath	cke	kau	blu	nuss	fen	ner
cken	kü	be	sern	se	kell	so	ver	let	nen
er	flüs	sel	ha	bau	me	ge	tern	mü	ben

a) Naturkatastrophe: ?
b) Kinderkrankheit: ?
c) Kleidungsstück für Füße: ?
d) Nuss: ?
e) leise sprechen: ?
f) Sportler: ?
g) Blume: ?
h) Bedienung im Restaurant: ?
i) kleines Huhn: ?
j) jdm. etwas für Geld geben: ?
k) Landwirt: ?
l) Bohnen gehören zum: ?

Getrennt- und Zusammenschreibung

Merke dir

Verbindungen von **Nomen und Verb** oder **Verb und Verb** schreibst du in der Regel **getrennt.** Werden diese Verbindungen **als Nomen** gebraucht, schreibst du sie aber **zusammen** und groß.

Er kann gut **Klavier spielen.**	(Nomen + Verb)
Das **Klavierspielen** macht ihm Spaß.	(Nomen + Verb als Nomen)
Morgen wollen wir **essen gehen.**	(Verb + Verb)

Verbindungen aus **Adjektiv und Verb** schreibst du auseinander, wenn das Adjektiv die Handlung, die das Verb beschreibt, näher bestimmt.

schnell gehen, schön singen

Ergibt eine Zusammensetzung eine neue, übertragene Bedeutung und wird sie als fester Begriff gebraucht, scheibt man aber zusammen.

freistellen (erlauben), schönreden (beschönigen)

Wenn das Adjektiv das Ergebnis der Tätigkeit nennt, die mit dem Verb bezeichnet wird, darfst du die Wörter zusammen- und auch getrennt schreiben.

sauber machen (auch möglich: saubermachen)
weich klopfen (auch möglich: weichklopfen)

Adjektive, die gesteigert sind, schreibst du getrennt vom Verb, auch wenn der Infinitiv zusammengeschrieben wird.

klarsehen → klar**er** sehen

2 **Ordne die folgenden Ausdrücke richtig ein. Achte dabei auf die Getrennt- und Zusammenschreibung. Vorsicht: Mitunter sind beide Schreibungen möglich.**

freundlichlachen – spazierengehen – beim Kuchenbacken – schätzenlernen – saubermachen – festnageln – sichergehen – Schlangestehen – höherspringen

Nomen und Verb: ______________________________

____

Verb und Verb: ______________________________

____

Adjektiv und Verb: ______________________________

____

3 **Setze richtig ein. Zusammen oder getrennt?**

Blumen + pflücken	*Tennis + spielen*	*Schlittschuh + laufen*
Skateboard + fahren	*Schlange + stehen*	*Computer + schreiben*

a) Du musst beim ______________________________ auf das Eis achten.

b) Auf der Wiese kann man viele ______________________________ .

c) Das ewige ______________________________ an der Supermarktkasse ist anstrengend.

d) Tim freute sich auf das ______________________________ mit seinen Freunden.

e) Regelmäßig ging Marie ______________________________ .

f) Marc wird seine Geburtstagseinladungen mit dem ______________________________ ______________ .

Getrennt oder zusammen?

Merke dir

Trennbare Verben schreibst du im Präsens und Präteritum auseinander. Du erkennst sie daran, dass sie auf dem 1. Teil der Verbindung betont werden (nachprüfen, aufschreiben).

nachprüfen → Er **prüft / prüfte** die Arbeit **nach**.
aufschreiben → Sie **schreibt / schrieb** die Telefonnummer **auf**.

Wortgruppen mit dem Hilfsverb *sein* schreibst du außer bei einer Nominalisierung immer getrennt: *bekannt sein, da sein, freundlich sein*

Morgen Mittag werde ich wieder **da sein**.
freundlich sein → Das **Freundlichsein** fiel ihr nicht schwer. (Nominalisierung)

Immer getrennt schreibst du die **Wortgruppen** *gar nicht, gar kein, ohne dass, statt dass*.

Die Matheaufgabe habe ich **gar nicht** verstanden.

4 **Überprüfe, welche der folgenden Verben trennbar sind und trage in die Spalte „trennbar" *ja* oder *nein* ein.**

Verb im Infinitiv	Verb im Präsens	Verb im Perfekt	trennbar
durchqueren	sie	sie	
aufwecken	sie	sie	
zubereiten	sie	sie	
vollenden	sie	sie	
aufgeben	sie	sie	
ablehnen	sie	sie	

5 **Bilde Wortgruppen mit *sein* und setze in die Lücken ein.**

müde – dagegen – aufgeregt – zufrieden

a) Nach der langen Autofahrt wird Sandra ziemlich ____________________.

b) Vor ihrem ersten Auftritt im Schultheater wird Luisa ____________________.

c) Mein Vater wird ______________, dass ich heute länger aufbleiben möchte.

d) Jeder sollte mit dem, was er hat, ____________________.

Merke dir

Beim **Infinitiv** solltest du die **Betonungsprobe** durchführen. Liegt die Betonung auf dem Wortstamm, schreibst du getrennt. Liegt sie auf *zu*, schreibst du den Infinitiv zusammen.

zu machen → Er hatte noch viel **zu machen**. (Betonung auf dem Verbstamm)
zumachen → Kannst du die Tür bitte **zumachen**. (Betonung auf *zu*)

Verbindungen mit einem **Partizip** werden in folgenden Fällen getrennt geschrieben:

- **Partizip + Verb**
  Sie werden den Dieb **gefangen nehmen**.
- **Partizip + Adjektiv**
  Das Foto war **gestochen scharf**. Sie hatte **leuchtend blaue** Augen.

Verbindungen zwischen **Nomen** und **Partizip** und **Adjektiv** und **Partizip** können getrennt geschrieben werden.

- **Nomen + Partizip**
  In Afrika gibt es viele **Not leidende / notleidende** Menschen.
- **Adjektiv + Partizip**
  Sie trägt ein **gelb getupftes / gelbgetupftes** Kleid.

6 **Ergänze die Sätze mit *zu* und den angegebenen Verben. Wann schreibst du getrennt, wann zusammen?**

a) Der Bürgermeister freute sich, seine Rede ______________. (halten)

b) Sandra sollte sich die Augen ______________. (halten)

c) Ich werde den Brief ______________. (kleben)

d) Sie hatten noch jede Menge Plakate ______________. (kleben)

e) Die Straßenarbeiter haben den Auftrag, die Straße ______________. (sperren)

f) Er muss den Geräteschuppen ______________. (sperren)

g) Max versuchte Lea die Angst vor Spinnen ______________. (nehmen)

h) Durch fettiges und süßes Essen kann man leicht ______________. (nehmen)

i) Sie musste ihren Fehler ______________. (geben)

j) Er hatte keine Bedenken, ihm seine Autoschlüssel ______________. (geben)

7 **Ordne die Verbindungen mit einem Partizip richtig ein. Achte dabei auf die Getrennt- und Zusammenschreibung und die Groß- und Kleinschreibung.**

geliehenbekommen	*schlechtgelaunt*	*fleischfressend*
rasendwerden	*weitverbreitet*	*betörendschön*
strahlendweiß	*getrenntschreiben*	*feuerspeiend*
verlorengehen	*ernstgemeint*	*hilfesuchend*

Partizip + Verb: ______________________________

____

____

Partizip + Adjektiv: ______________________________

____

____

Nomen + Partizip: ______________________________

____

____

Adjektiv + Partizip: ______________________________

____

____

Merke dir

Wortzusammensetzungen mit Nomen schreibst du zusammen:

hoch + Haus → Hochhaus
Baum + Haus → Baumhaus
wohnen + Haus → Wohnhaus

Verbindungen aus **Nomen** und **Verb** werden zusammengeschrieben, wenn das Nomen verblasst ist und ein fester Begriff entsteht, z B.: *heimfahren, irreführen, eislaufen, leidtun, preisgeben, kopfstehen.*

Nomen und **Adjektiv** schreibst du zusammen,

- wenn sie einen Begriff bilden: *steinreich, kreidebleich*
- wenn der erste Bestandteil der Wortverbindung mit dem zweiten eine neue Bedeutung ergibt: *todesmutig*

Die **Wortart** und die **Schreibung der Zusammensetzung** werden durch den letzten Bestandteil des Wortes bestimmt. Ist das letzte Wort ein Nomen, handelt sich auch bei der Zusammensetzung um ein Nomen, und du schreibst sie groß. Ist der letzte Bestandteil ein Adjektiv oder Verb, schreibst du die Zusammensetzung klein, auch wenn der erste Teil ein Nomen ist, da ein Adjektiv bzw. Verb vorliegt.

Rot**buche** (Nomen)   feder**leicht** (Adjektiv)   dank**sagen** (Verb)

8 **Schreibe aus den folgenden Wörtern jeweils das Nomen heraus. Notiere in deinem Übungsheft anschließend, aus welchen Wortarten die Zusammensetzung besteht.**

a) Überholspur ____________
b) Wartezimmer ____________
c) Kleinkind ____________
d) wasserdicht ____________
e) schlafwandeln ____________
f) teilhaben ____________
g) kopfrechnen ____________
h) Frischfleisch ____________
i) Schreibtisch ____________
j) mausetot ____________
k) sonnenbaden ____________
l) herzensgut ____________
m) standhalten ____________
n) preisgeben ____________

Merke dir

Untrennbare Verben werden in allen Zeiten (konjugierten Formen) **zusammengeschrieben.** Du erkennst sie meistens daran, dass sie auf dem Verbstamm (2. Teil der Verbindung) betont werden (übertreten).

Der Sprinter **übertritt** die Startlinie.
Der Sprinter **übertrat** die Startlinie.
Der Sprinter hat die Startlinie **übertreten.**

Wenn der erste Bestandteil einer **Wortverbindung** mit dem zweiten eine **neue Bedeutung** ergibt oder die Bedeutung des zweiten Teils verstärkt oder abschwächt, dann schreibst du zusammen.

schreibfaul	(Verb + Adjektiv = Wort mit neuer Bedeutung)
bitterkalt	(für: sehr kalt)

Wenn ein Wortbestandteil allein kein selbstständiges Wort ergibt, schreibst du auch zusammen.

blau**äugig**, ein**fach** (keine selbstständigen Wörter)

9 **Unterstreiche die untrennbaren Verben.**

zurückschauen – vergleichen – gelingen – nachdenken – versuchen – einschließen – untergehen – entwickeln – weglaufen – zuhören – abfliegen – misstrauen – weitermachen – erlauben – bezahlen – festhalten – zerstören – einteilen – zergehen – verschwinden – anmalen – zubereiten – einladen – gefallen – erkennen – zerschneiden – abtrocknen – hintergehen – losgehen

10 **Entscheide: Zusammen oder getrennt? Markiere die richtige Schreibung.**

a) Für mein Brötchen muss die Butter (**streichzart** / **streich zart**) sein.
b) Das Publikum klatschte nur (**halb herzig** / **halbherzig**) Beifall.
c) Morgens ist Julian selten (**hellwach** / **hell wach**).
d) Unser Katzenbaby ist sehr (**pflegeleicht** / **pflege leicht**).
e) Der Millionär zeigte sich dem Publikum von seiner (**großspurigen** / **groß spurigen**) Art.

1 **Gib in deinem Übungsheft für alle Wörter, die im Text markiert sind, an, wo sie getrennt werden können.**

Gestern habe ich mich mit meiner Freundin Nadja in der Stadt zum Eisessen verabredet. Wir haben uns beide einen riesigen Eisbecher mit viel Sahne bestellt. Anschließend sind wir durch den Stadtpark gelaufen und haben die Enten gefüttert. Mitten auf dem See konnte man mit Tretbooten fahren. Nadja und ich stiegen in eines der Boote und fuhren eine halbe Stunde gemütlich über das Wasser. Danach spielten wir noch eine Runde Minigolf. Leider habe ich verloren. Um fünf Uhr holte meine Mutter mich wieder am Marktplatz vor dem Schaufenster des Spielzeugladens ab.

2 **Entscheide dich für eine Schreibweise.**

a) Wir würden das bestehende Problem folgendermaßen (handhaben / Hand haben).
b) Das (Autofahren / Auto fahren) macht mir sehr viel Spaß.
c) Auf diesem See musste schon ein Flugzeug (notlanden / Not landen).
d) Der Polizist (schlussfolgerte / Schluss folgerte), dass der Mann in die Wohnung eingebrochen ist.
e) Ein Politiker muss bei seinen Wählern (gehörfinden / Gehör finden).
f) Sie wollten nach dieser Enttäuschung (heimfahren / Heim fahren).
g) Ein Busfahrer muss nach ein paar Stunden Autofahrt (rastmachen / Rast machen).

3 **Werden die folgenden Wörter getrennt geschrieben oder zusammen?**

a) krankschreiben ____________________
b) kleinerschneiden ____________________
c) sicherstellen ____________________
d) bessergehen ____________________
e) frohlocken ____________________
f) vollbringen ____________________

4 **a) Markiere die untrennbaren Verben blau, die trennbaren rot.**

Melanie ...

a) im Kunstunterricht – zerschneiden – das Blatt
b) den See – überqueren – in einem Kanu
c) vor Schreck – umwerfen – die Vase ihrer Mutter
d) nach der Schule – bestellen – das Buch für den Deutschunterricht
e) das Abendessen – zubereiten – für die ganze Familie
f) einige Schulfreunde – einladen – zum Grillen

b) Bilde in deinem Übungsheft mit Hilfe der Angaben anschließend Sätze im Präsens. Was tut Melanie alles?

5 **Überprüfe Julias Sätze und kreuze die fehlerhaften an. Korrigiere die Fehler in deinem Übungsheft.**

a) ◯ Die Musik der Rockgruppe war von allen Seiten des Saals gut zu hören.
b) ◯ Sie hat strahlend weiße Zähne.
c) ◯ Aileen versuchte eine schwere Kiste in den zweiten Stock zutragen.
d) ◯ Du musst den Wasserhahn schnell zudrehen.
e) ◯ Er wurde von den Polizisten gefangengenommen.
f) ◯ Ein Maler wollte die Löcher in der Wand zu streichen.
g) ◯ Der kleine Welpe versuchte zum ersten Mal, laut zu bellen.
h) ◯ Beim Hummer muss der Kopf durch eine Drehbewegung vom Tierkörper getrenntwerden.
i) ◯ Gestern war es überall im Haus drückendheiß.

Die Testauswertung findest du auf Seite 141.

7 Texte lesen und schreiben

Löse die Aufgaben in diesem Kapitel, und du wirst zum Lese- und Schreibprofi: Du erfährst, was du beim Lesen literarischer Texte wie Balladen und Gedichten beachten musst. Du lernst auch, die unterschiedlichen Textsorten einer Zeitung zu unterscheiden und worauf du achten musst, wenn du für die Schülerzeitung einen eigenen Beitrag schreiben möchtest.

- Mach als Erstes den Diagnosetest und vergleiche deine Antworten mit den Lösungen auf S. 142.
- Die Auswertungstabelle im Lösungsteil zeigt dir, was du schon gut kannst und was du noch trainieren solltest.
- Übe nach der Auswertung die Bereiche, in denen du noch Fehler gemacht hast. Genaue Seitenangaben findest du in der Tabelle.
- Mit dem Abschlusstest auf S. 100 findest du heraus, ob du fit bist.

1 **Gib an, um welche Textsorte es sich jeweils handelt (Nachricht, Bericht, Reportage).**

A

Mein Herz schlug mir bis zum Halse, als die Tür des Flugzeuges aufging und wir nun die gewünschte Flughöhe von 4000 m erreicht hatten. Jetzt würde es wirklich ernst werden mit meinem ersten Fallschirmsprung. Ich stellte mir die Frage aller Fragen, die sich wahrscheinlich jeder in solch einer Situation stellt: Soll ich oder soll ich nicht springen?

B

Gartenhecke verhinderte, dass Fünfjähriger sich bei einem Fenstersturz aus dem zweiten Stock eines Mehrfamilienhauses lebensbedrohliche Verletzungen zuzog.

C

Im Rahmen der Berufsorientierung an Schulen veranstalteten gestern drei Schülerklassen der Jahrgangsstufe neun eine Praktikumsbörse für die achten Klassen. Anhand der ausgestellten Praktikumsberichte und Plakate wollten die Schüler, die ein Praktikum absolviert hatten, jüngeren Mitschülern von ihren Erfahrungen berichten, um ihnen Ratschläge, Anregungen und Orientierung für ihren beruflichen Weg zu geben.

2 **Welche Aussagen treffen auf eine Ballade zu? Kreuze an.**

a) ◯ Eine Ballade bezeichnet man auch als Erzählgedicht.
b) ◯ Regieanweisungen können wie in einem Theaterstück auch in einer Ballade vorkommen.
c) ◯ In einer Ballade sind epische, lyrische und dramatische Merkmale vorhanden.
d) ◯ Thematisch geht es in der Ballade immer um die Natur, die dem Menschen in bedrohlicher Weise entgegentritt.
e) ◯ Das Metrum einer Ballade ist immer ein Jambus oder Anapäst.
f) ◯ Typisch ist, dass die Ballade nicht in Strophen eingeteilt ist, sondern in Verse.
g) ◯ Die Ballade enthält einen Spannungsbogen, der zu einem Höhepunkt führt.

3 **Stelle die gesuchten Metren in ihrem Schema dar (x = unbetont, x́ betont).**

Daktylus ______________________ Anapäst ______________________

Trochäus ______________________ Jambus ______________________

4 **a) Lies zunächst den Text.**

Der Panther

Sein Blick ist vom Vorübergehen der Stäbe
so müd geworden, dass er nichts mehr hält.
Ihm ist, als ob es tausend Stäbe gäbe
und hinter tausend Stäben keine Welt.

Der weiche Gang geschmeidig starker Schritte,
der sich im allerkleinsten Kreise dreht,
ist wie ein Tanz von Kraft um eine Mitte,
in der betäubt ein großer Wille steht.

Nur manchmal schiebt der Vorhang der Pupille
sich lautlos auf. – Dann geht ein Bild hinein,
geht durch der Glieder angespannte Stille –
und hört im Herzen auf zu sein.

Rainer Maria Rilke (1875–1926)

b) Nenne die Anzahl der Strophen. ______________________________

c) Schreibe die Reimwörter des Gedichts heraus und notiere daneben das Reimschema.

____________	____________	____________
____________	____________	____________
____________	____________	____________
____________	____________	____________

d) Wie nennt man diesen Reim?

____

5 **Lies die drei Einleitungen einer Inhaltsangabe zu einem Sachtext durch. Welche ist gelungen? Kreuze an.**

a) ◯ In dem Text „Von der Kakaobohne zur Schokoladentafel" geht es um die leckerste Nascherei, die Schokolade.

b) ◯ Der Sachtext „Von der Kakaobohne zur Schokolade" handelt davon, was mit den Kakaobohnen direkt nach der Ernte passiert und welche Einzelschritte in einer Fabrik zur Herstellung einer Schokoladentafel notwendig sind.

c) ◯ Wie Schokolade hergestellt wird, das erklärt dir der Sachtext „Von der Kakaobohne zur Schokoladentafel".

6 **Kreuze an, welche der Aussagen ein Argument zu der gegebenen Behauptung ist.**

1. Behauptung: Schülerportale im Internet sind gefährlich.

a) ◯ Daten können immer missbraucht werden.

b) ◯ Ich chatte nur mit meinen Freunden.

c) ◯ Es besteht die Möglichkeit, dass meine Daten ohne mein Einverständnis weitergeleitet und für von mir nicht gewollte Zwecke missbraucht werden.

2. Behauptung: Ein Auslandsjahr verbessert die Fremdsprachenkenntnisse.

a) ◯ Wenn man täglich die Vokabeln übt, dann klappt das auch ohne Auslandsjahr.

b) ◯ Das tägliche Gespräch mit beispielsweise Engländern oder Franzosen verfestigt Vokabel- und Grammatikkenntnisse.

c) ◯ Ich finde es toll, in der Sonne oder am Meer zu lernen.

7 **a) Lies den Text und bestimme anschließend die Textsorte.**

Wie nicht anders zu erwarten
Pünktlich zu den Sommerferien sind die Tierheime wieder gut gefüllt und wir Tierschützer finden vermehrt ausgesetzte Tiere an Autobahnrastplätzen. Viele machen es sich wirklich einfach, wenn sie ihren einst geliebten Vierbeiner nur wegen einer Urlaubsreise, die keinen Platz für Hunde vorsieht, einsam an einem Baum angebunden zurücklassen. Für Dackel Waldi wird schon irgendjemand sorgen, und außerdem gibt es ja genügend Tierheime. Wenn jeder diese Einstellung hat, dann laufen in Deutschland zukünftig herrenlose Hunde auf den Straßen herum, weil unsere Tierheime jetzt schon maßlos überfüllt sind. Vielleicht sollte man als Besitzer aber auch die Möglichkeit sehen, sein Tier in einer Tierpension unterzubringen. Aber darüber wird nicht nachgedacht, schließlich ist die Reise schon teuer genug und man muss schon mit dem Sparen für die nächste Fahrt beginnen. Gespart wird oft am falschen Ende. Außerdem, bestraft wird diese „Entsorgung" auch nicht. Wen wundert es dann noch, dass derzeit solche beengten Zustände in Tierheimen herrschen. Menschen, die einem Tier so ein Schicksal bereiten, gehören nicht nur bestraft, sondern sollten auch einmal auf 2 m^2 in einem Käfiggang zubringen. Wann unternehmen wir endlich was dagegen!

Melissa Balduin (14), ehrenamtliche Tierschützerin

- ◯ Bericht
- ◯ Nachricht
- ◯ Leserbrief
- ◯ Reportage

b) Auf welches Thema nimmt die Verfasserin Bezug?

a) ◯ Tierquälerei an Autobahnrastplätzen
b) ◯ Überfüllte Tierheime
c) ◯ Härtere Bestrafung für Hundebesitzer

c) Welchen Standpunkt nimmt die Verfasserin zum Thema ein?

a) ◯ Sie ist für eine härtere Bestrafung der Tierbesitzer.
b) ◯ Sie kann die herzlose Einstellung der Tierbesitzer nicht verstehen.
c) ◯ Sie möchte, dass mehr Tierheime gebaut werden.

8 **Ordne die folgenden Wörter in deinem Übungsheft nach dem angegebenen Muster einem entsprechenden Wortfeld zu.**

wispern – humpeln – schreiben – pirschen – jammern – fotografieren – verreisen – schneiden – zeichnen – watscheln – hasten – nähen – blödeln – seufzen – tuscheln – frisieren – schlendern – tippeln – schleichen – rennen – murmeln – hauchen – krabbeln – klagen – schluchzen

weinen	flüstern	gehen	machen
…	…	…	…

9 **a) Immer zwei Wörter passen hier zusammen. Schreibe sie zusammen auf.**
Beachte: Es können mal sinnverwandte Wörter, mal Wörter mit entgegengesetzter Bedeutung zusammengehören.

langweilig besitzen neu begrüßen Auto Eile
Essen aufwecken
Hall Rückstand gelingen Geiz verlieren Knabe
mischen Wagen Möhre frostig eintreffen trennen intelligent
alt gewinnen Junge wachrütteln haben Klang Mahlzeit
Vorsprung mixen eisig Hast Karotte ankommen
ablösen misslingen klug verabschieden
Sparsamkeit interessant

a) ______________ ______________

b) ______________ ______________

c) ______________ ______________

d) ______________ ______________

e) ______________ ______________

f) ______________ ______________

g) ______________ ______________

h) ______________ ______________

i) ______________ ______________

j) ______________ ______________

k) ______________ ______________

l) ______________ ______________

m) ______________ ______________

n) ______________ ______________

o) ______________ ______________

p) ______________ ______________

q) ______________ ______________

r) ______________ ______________

s) ______________ ______________

t) ______________ ______________

b) Gib in deinem Übungsheft für jedes Pärchen an, ob es sich um sinnverwandte Wörter (Synonyme) oder um Wörter mit entgegengesetzter Bedeutung (Antonyme) handelt. Du kannst die Bestimmungen abkürzen (S = Synonym, A = Antonym).

Nachricht und Bericht

Merke dir

Mit einer **Nachricht** lieferst du dem Leser **aktuelle Informationen** in einer **knappen Darstellung.**

Bereits in der **Überschrift (Schlagzeile)** nennst du die wichtigsten Informationen, und in den ersten Sätzen der Nachricht (**Nachrichtenkern**) werden die **W-Fragen** *(Wer? Wo? Wann? Was? Wie? Warum?)* beantwortet.

Im weiteren Teil der Nachricht, dem **Nachrichtenkörper**, nennst du Zusatzinformationen. Diese sind nach **abnehmender Wichtigkeit** angeordnet. Die Informationen einer Nachricht führen vom **Allgemeinen** zum **Besonderen.**

Eine Nachricht musst du **sachlich** und **wertfrei**, ohne eigene Meinung, schreiben. Du schreibst sie im Präteritum. Im Unterschied zum Bericht ist die Nachricht optisch und inhaltlich kürzer.

Den **Bericht** kannst du als erweiterte Form der Nachricht verstehen, da du weitere Informationen hinzufügst und **ausführlicher** über ein Ereignis oder einen Sachverhalt informierst. Mit dem Bericht **informierst** du den Leser zum Beispiel eurer Schülerzeitung über **Hintergründe** und **Umstände** eines Ereignisses und darüber, **wer/was in welcher Form beteiligt war.** Gliedere deinen Bericht in drei Teile:

Einleitung: Du **informierst** über die wichtigsten W-Fragen: ***Wer? Wo? Wann? Was?***

Hauptteil: Du stellst den **Ablauf des Geschehens oder Sachverhalts** in **zeitlich richtiger Reihenfolge** dar. Hier informierst du auch über **Einzelheiten, Zusammenhänge** und **Hintergründe**, die für den Leser interessant sein könnten (W-Fragen: *Wie? Warum?*).

Schlussteil: Hier gehst du auf den **Ausgang** des **Geschehens** oder das **Ergebnis** ein. Du nennst die Folgen (W-Frage: *Welche Folgen hatte das Geschehen?).*

Die **Sprache** des Berichts muss **knapp, genau, sachorientiert** und **ohne Wertung** oder **eigene Meinung** sein. Hinsichtlich des Tempus und der Zeitenfolge solltest du beachten:

Bericht über Geschehen	→ Präteritum
Bericht über Vorgeschichte und Hintergründe	→ Plusquamperfekt
Bericht über Folgen	→ Präsens

1 **Welche der folgenden Überschriften können als Schlagzeilen für eine Nachricht dienen? Kreuze sie an.**

a) ◯ Oma macht den besten Apfelkuchen
b) ◯ Karl Torschuss neuer Trainer beim FC Freischuss
c) ◯ Es ist an der Zeit
d) ◯ Kleinlaster verliert Leergut – Autobahn zwei Stunden gesperrt
e) ◯ Bauersbach: Klingelnder Kuh erfolgreich Handy aus Bauch geholt
f) ◯ Spanien: Sommer, Sonne, Strand und Meer
g) ◯ Mit 200 Kindern bisher höchste Teilnahme bei dem Kleestädter Malwettbewerb zu verzeichnen

2 **Finde die zwei formalen Fehler in dieser Nachricht. Unterstreiche sie.**

Ferienspiele gingen zu Ende
Bummelhausen. Die gemeinsamen Ferienspiele der Stadt Bummelhausen und Fuchsbach gingen gestern traurigerweise zu Ende. Traditionell wurde in der Fußballerhütte am Feldplatz ein großes Abschlussfest aller Teilnehmer gefeiert. Darauf hatten alle Gruppen mit ihren Betreuerinnen und Betreuern hingearbeitet, Dekorationen gebastelt und sich Tänze und einmalige Sketche ausgedacht. Eingeladen dazu waren die Eltern und Großeltern der Ferienspielkinder.

3 **Lies den Zeitungsbericht durch. Unterstreiche zwei formale Fehler und korrigiere sie.**

Löwenkopf heimlich davon gehoppelt
Butzbach. Aus der Tierhandlung ist gestern kurz nach 14.00 Uhr ein Löwenkopfkaninchen ausgebüxt. Das Kaninchen läuft schon den ganzen Morgen aufgeregt im Käfig hin und her. Weil es offensichtlich verhindern wollte, durch den Verkauf von seinen Geschwistern getrennt zu werden, nutzt es unbemerkt die Gelegenheit, auf die Fußgängerzone zu fliehen, als der Käfig gereinigt wurde. Das Kaninchen flüchtete in den benachbarten Gemüseladen. Der Ladenbesitzer fand das Kaninchen in einer Salatkiste sitzend und an einem Salatblatt knabbernd, als er einem Kunden davon verkaufen wollte. Wäre er nicht an die Kiste gegangen, dann hätte der Löwenkopf mehr von seiner Ware beschädigen können. Die Besitzerin der Tierhandlung war über den Fund ihres Kaninchens sichtlich überrascht, aber auch erleichtert, dass das Tier keinen großen Sachschaden angerichtet hatte.

Reportage

Merke dir

Die **Reportage** ist im Vergleich zu einem Bericht die **Darstellung** eines Ereignisses aus der **persönlichen Sicht** des **Berichtenden.**
In eine Reportage lässt du **persönliche Stimmungen, Meinungen** und **Gefühle** einfließen. Dabei formulierst du so, dass du dem Leser das Gefühl gibst, er wäre selbst dabei gewesen. Mit der Reportage unterhältst du den Leser und weckst sein Interesse am Geschehen.

Die Reportage **beantwortet** die **wichtigen W-Fragen.** Allerdings darfst du deine eigene Meinung zum Thema äußern und aus deiner Sicht kommentieren. Die Reportage ist darum als **tatsachenbetonter, aber persönlich gefärbter Erlebnisbericht** zu verstehen, den du in drei Teile gliederst:

Einleitung: Du gibst dem Leser eine **Orientierung / einen Gesamteindruck** über das Geschehen und machst ihn auf dieses gespannt. Meist dient eine **interessante Geschichte** oder ein sogenannter **Aufmacher** der Einbettung wichtiger Informationen. Baue dabei einen **Spannungsbogen auf**, der bis zum Schluss reicht.

Hauptteil: Du berichtest über das Geschehen / den Ablauf des Ereignisses **(Berichtskern).** Hierbei kannst du:

- ausführlicher auf Hintergrundinformationen eingehen (*Warum? Wie? Was?*)
- spannend und packend formulieren (durch Andeutungen und verzögerte Auflösungen von Fragen die Spannung beim Leser erhalten)
- erzählende und informierende Abschnitte abwechseln
- eine lebendige, anschauliche und bildhafte Sprache (treffende Adjektive und Verben) verwenden. Häufig enthält eine Reportage auch Alltagssprache und umgangssprachliche Formulierungen.
- direkte und indirekte Rede sowie Zeugenaussagen oder Zitate von Fachleuten verwenden
- die Zeitform wechseln (häufige Verwendung des Präsens)
- überall kurze Bewertungen einbauen, die deine Sicht, Stimmung, Empfindung oder Einschätzung erkennen lassen

Schluss: Du kannst einen **rückblickenden Kurzkommentar** geben und die Gedanken des Anfangs (Aufmacher) einbeziehen oder auflösen. Es können aber auch ein **interessantes Zitat** oder eine **Einzelbeobachtung** von dir dargelegt werden, die **den Leser zum Nachdenken anregen.**

4 **a) Lies die Reportage.**

Chorsänger-Contest

„Mach dir keine Sorgen. Du hast eine wirklich tolle Stimme, das wird die Jury[1] auf jeden Fall überzeugen." Beruhigt nehme ich die Worte meines Freundes zu Herzen, als ich die Treppe hinauf in die Stadthalle gehe. Heute ist ein sehr wichtiger Tag für mich, denn heute habe ich meinen Auftritt vor dem Vorsitzenden eines bekannten Jugendchors, der sogar schon in anderen europäischen Ländern wie Spanien oder Italien Auftritte hatte. Nur für dieses Ereignis sind hunderte junge Menschen an diesem Sommertag nach Frankfurt gekommen. In wenigen Sekunden werde ich vor drei Damen und Herren stehen, die über mein Weiterkommen entscheiden. Ich öffne also die große Holztür, und schon stehe ich vor den Juroren[2], die es sich hinter einem lang gezogenen, grauen Pult bequem gemacht haben. Nachdem wir uns begrüßt haben, werde ich aufgefordert, ein Lied meiner Wahl vorzusingen. Zwar habe ich etwas weiche Knie, doch ich habe monatelang für diesen Augenblick geübt. Obwohl ich mein Lied selbst komponiert habe und es in- und auswendig kann, bringe ich plötzlich keinen Ton heraus, wird mir schwindelig vor Aufregung. Das nennt man wohl „Blackout"[3]. Ich denke schon, mein Traum vom Leben als Gospelchorsängerin sei ausgeträumt, doch die Juroren muntern mich auf und finden, ich hätte einen weiteren Versuch verdient. Voll konzentriert blende ich meine Ängste aus, und es gelingt mir nun doch, die Jury von meinen Gesangskünsten zu überzeugen. Strahlend gehe ich nach vorne und bedanke mich bei den Juroren. Euphorisch[4] renne ich aus dem Saal und berichte den mitfiebernden anderen Teilnehmern von meinem Glück, denn ich habe es geschafft, bin in der nächsten Runde. Nur Christiane scheint sich nicht so recht freuen zu können. Sie schaut zu Boden, hat ganz verweinte Augen. Als ich sie nach dem Grund ihrer schlechten Stimmung frage, berichtet sie mir, man habe sie wegen ihrer mangelnden Gesangsqualitäten verhöhnt und ausgelacht. Natürlich tröste ich sie und sage ihr, dass eine Musikkarriere nicht das wichtigste im Leben sei. Auf dem Nachhauseweg wird mir klar, dass der Musikbereich ein ziemlich hartes Pflaster ist. Ich werde hart kämpfen müssen, um als Chorsängerin Erfolg zu haben.

1 Jury = Komitee, das über das Weiterkommen der Teilnehmer entscheidet
2 Juroren = Mitglieder einer Jury
3 Blackout = plötzlicher Gedächtnisverlust
4 euphorisch = Zustand höchster Erregung, Gefühl der Hochstimmung

b) Gliedere die Reportage in Einleitung, Hauptteil und Schluss. Gib die Zeilen an und markiere im Text die Absätze.

Einleitung: Zeile __________ Hauptteil: Zeile __________ Schluss: Zeile __________

c) Begründe in Stichpunkten, warum es sich an diesen Stellen um die Einleitung, den Hauptteil und den Schluss handelt.

Einleitung: ____________________

____

Hauptteil: ____________________

____

Schluss: ____________________

____

d) Es lassen sich sechs Textstellen finden, die die Empfindungen, Stimmungen oder körperlichen Reaktionen der Teilnehmerin deutlich werden lassen. Gib die Zeilen an und schreibe die Stellen heraus.

1) Zeile: ____________________

____

2) Zeile: ____________________

____

3) Zeile: ____________________

____

4) Zeile: ____________________

____

5) Zeile: ____________________

____

6) Zeile: ____________________

Ballade und Gedicht

Merke dir

In der **Ballade** sind Gattungsmerkmale der **Epik, Lyrik** und **Dramatik** vereint. Die Ballade erzählt und beschreibt (Epik) in Versform (Lyrik) ein dramatisches Ereignis mit Höhepunkt (Dramatik). Als dramatische Stilelemente kommen mitunter auch Monologe, Dialoge oder Regieanweisungen vor.
Die Ballade hat oft ein tragisches und schicksalhaftes Ende.
Die Ballade wird auch als **Erzählgedicht** bezeichnet. Sie handelt unter anderem von bedrohlichen Mächten, Göttern, Helden, Legenden, Geister- und Naturmagie.

Um eine Ballade inhaltlich zu **untersuchen**, gehst du folgendermaßen vor:

- Beginne mit einem **Einleitungssatz**, in dem du den **Autor**, die **Entstehungszeit**, den **Titel** und den **Handlungskern** (Thema) der Ballade knapp darstellst.
- Dann folgt im **Hauptteil** eine Gliederung der Ballade in **Sinnabschnitte** mit **Überschriften**. Anhand dieser Stichpunkte schreibst du eine **Inhaltsangabe,** die auf die **Fragen** *Wer? Wo? Was? Wann? Wie? Welche Folgen?* eingeht.

  Im Hauptteil charakterisierst du auch die **vorkommenden** und handelnden **Personen**, untersuchst den **Spannungsbogen** (Spannungsfrage, Höhepunkt, Auflösung) und die **lyrischen Mittel**.

- **Im Schlussteil** deiner inhaltlichen Untersuchung kannst du den Handlungsverlauf noch einmal ganz kurz zusammenfassen (möglichst in einem Satz). Gib darüber hinaus Hinweise zur Aussage der Ballade und beziehe dich dabei auch auf den in der **Einleitung** formulierten Handlungskern (Thema).

5 **a) Lies zunächst die Ballade gründlich und am besten laut. Unterstreiche die zehn Verszeilen, die den Höhepunkt der Ballade bilden.**

Belsazar

Die Mitternacht zog näher schon;
In stummer Ruh' lag Babylon.

Nur oben in des Königs Schloß,
Da flackert's, da lärmt des Königs Troß.

Dort oben in dem Königssaal
Belsazar hielt sein Königsmahl.

Die Knechte saßen in schimmernden Reihn,
Und leerten die Becher mit funkelndem Wein.

Es klirrten die Becher, es jauchzten die Knecht';
So klang es dem störrigen Könige recht.

Des Königs Wangen leuchten Glut;
Im Wein erwuchs ihm kecker Mut.

Und blindlings reißt der Mut ihn fort;
Und er lästert die Gottheit mit sündigem Wort.

Und er brüstet sich frech, und lästert wild;
Die Knechtenschar ihm Beifall brüllt.

Der König rief mit stolzem Blick;
Der Diener eilt und kehrt zurück.

Er trug viel gülden Gerät auf dem Haupt;
Das war aus dem Tempel Jehovahs geraubt.

Und der König ergriff mit frevler Hand
Einen heiligen Becher, gefüllt bis am Rand.

Und er leert ihn hastig bis auf den Grund,
Und rufet laut mit schäumendem Mund:

„Jehovah! dir künd ich auf ewig Hohn –
Ich bin der König von Babylon!“

Doch kaum das grause Wort verklang,
Dem König ward's heimlich im Busen bang.

Das gellende Lachen verstummte zumal;
Es wurde leichenstill im Saal.

Und sieh! und sieh! an weißer Wand
Da kam's hervor wie Menschenhand;

Und schrieb, und schrieb an weißer Wand
Buchstaben von Feuer, und schrieb und schwand.

Der König stieren Blicks da saß,
Mit schlotternden Knien und totenblaß.

Die Knechtenschar saß kalt durchgraut,
Und saß gar still, gab keinen Laut.

Die Magier kamen, doch keiner verstand,
Zu deuten die Flammenschrift an der Wand.

Belsazar ward aber in selbiger Nacht
Von seinen Knechten umgebracht.

Heinrich Heine (1797–1856)

b) Kreuze an, wovon die Ballade thematisch handelt.

a) ◯ Siegesfest von König Belsazar und seinen Gefolgsleuten
b) ◯ Stolz und Ansehen des Königs Belsazar
c) ◯ Untergang Babylons am Beispiel des Königs Belsazar.

c) Beantworte die folgenden W-Fragen.

a) Wo spielt die Ballade? ______________________________

b) Welche Personen sind beteiligt? ______________________________

d) Nenne in fünf Stichpunkten, was in Heines Ballade geschieht? Schreibe die Lösungen in dein Übungsheft.

e) Welcher der folgenden Einleitungssätze ist für diese Ballade passend. Kreuze an.

a) ◯ Heines Ballade „Belsazar" handelt von einem König namens Belsazar, der wegen seiner Überheblichkeit sterben muss.
b) ◯ In Heines Ballade „Belsazar" geht es um einen König namens Belsazar, der über Gott lästert und dem daraufhin eine nicht zu deutende Schrift erscheint, die seine Knechte dazu bringt, ihn zu ermorden.
c) ◯ Heines Ballade „Belsazar" erzählt von einem König namens Belsazar, dem eine nicht zu deutende Schrift an der Wand erscheint und der deshalb von seinen Knechten umgebracht wird.

Merke dir

Um ein Gedicht oder eine Ballade sprachlich und formal zu untersuchen und deuten zu können, musst du folgende **lyrische Mittel** berücksichtigen:

Vers: So nennt man die **Zeile** einer Strophe / eines Gedichts. Sie folgt evtl. einem rhythmischen Schema (Metrum).

Strophe: Sie besteht aus **mehreren zusammenhängenden Versen** (Zeilen). Sie können unterschiedlich lang sein (auch für Gedichtaussage bedeutsam) und werden durch Leerzeilen voneinander getrennt.

Metrum: So nennt man die **Abfolge** von **betonten** (x́) und **unbetonten Silben** (x) in einem Vers. Vier Varianten musst du dir merken:

- Jambus (unbetonte Silbe, betonte Silbe) x x́
- Trochäus (betonte Silbe, unbetonte Silbe) x́ x
- Daktylus (eine betonte Silbe, zwei unbetonte Silben) x́ x x
- Anapäst (zwei unbetonte Silben, eine betonte Silbe) x x x́

Zeilensprung: Das **Satzende** und das **Versende fallen nicht zusammen** und stehen versetzt zueinander. Das kann dazu dienen, Bewegung oder Unruhe zu erzeugen.

Reim: Er entsteht durch **gleich klingende Versenden**. Folgende Reime kommen häufig vor:

- Der **Paarreim** hat das Schema **a a b b** (zwei direkt aufeinander folgende Verse reimen sich).
- Der **Kreuzreim** hat das Schema **a b a b** (der erste und der dritte Vers und der zweite und der vierte Vers reimen sich).
- Der **umarmende (umschließende) Reim** hat das Schema **a b b a** (der erste und der vierte und der zweite und dritte Vers reimen sich).

Im Gegensatz zu **klassischen Gedichten** folgen **moderne Gedichte** oft keinem festen Reimschema und Metrum mehr.

6 **Gib das Metrum für diese erste Strophe aus Storms Gedicht „Die Stadt" an (unbetont = x, betont = x́). Wie bezeichnet man dieses Metrum?**

Die Stadt

Am grauen Strand, am grauen Meer ______________________
Und seitab liegt die Stadt; ______________________
Der Nebel drückt die Dächer schwer, ______________________
Und durch die Stille braust das Meer ______________________
Eintönig um die Stadt. ______________________

Theodor Storm (1817–1888)

Name des Metrums: ______________________

7 **Schreibe das Reimschema der ausgewählten Gedichtstrophe auf. Wie nennt man diesen Reim?**

Die Made

Hinter eines Baumes Rinde ____
wohnt die Made mit dem Kinde. ____
Sie ist Witwe, denn der Gatte, ____
den sie hatte, fiel vom Blatte. ____
Diente so auf diese Weise ____
einer Ameise als Speise. ____

Heinz Erhardt (1909–1979)

Name des Reims: ______________________

8 **Lies die beiden Gedichte. Welches Gedicht ist ein klassisches und welches ein modernes? Worin unterscheiden sie sich? Nenne zwei formale Unterschiede. Schreibe darunter.**

A

Er ist's

Frühling läßt sein blaues Band
Wieder flattern durch die Lüfte;
Süße, wohlbekannte Düfte
Streifen ahnungsvoll das Land.
Veilchen träumen schon,
Wollen balde kommen.
– Horch, von fern ein leiser Harfenton!
Frühling, ja du bist's!
Dich hab' ich vernommen!

Eduard Mörike

B

Bäume

Früher sollen sie
Wälder gebildet haben und Vögel
Auch Libellen genannt kleine
Huhnähnliche Wesen die zu
Singen vermochten schauten herab.

Sarah Kirsch

9 **Worum geht es in den beiden Gedichten thematisch? Kreuze an.**

Eduard Mörike:

- ◯ Das jährliche Wiederkehren des Frühlings
- ◯ Erwachen der Natur
- ◯ Beobachtung der Natur
- ◯ Der Duft des Frühlings

Sarah Kirsch:

- ◯ Untergang der Natur und der Lebewesen
- ◯ Lebewesen auf dem Baum
- ◯ Das Sterben eines Baumes
- ◯ Die Aufgabe von Bäumen

Inhaltsangabe

Merke dir

Mit einer **Inhaltsangabe** gibst du das **Wesentliche** eines Textes **kurz** und **genau** wieder. Du verzichtest auf Einzelheiten und informierst deinen Leser. **Textgrundlage** können sein: Sachtexte, literarische Texte aller Art, Filme, Gespräche oder Bildfolgen.
Die Inhaltsangabe besteht aus den drei Teilen:

Einleitung: Du nennst der Reihenfolge nach die **Textart**, den **Titel des Textes**, den **Autor**, den **Erscheinungsort** und das **Erscheinungsjahr** (wenn bekannt) sowie das **Thema** des Textes. Versuche diese Gesichtspunkte möglichst in einem Satz (Kernsatz) zusammenzufassen.

Hauptteil: Du informierst hier ausführlicher über **Ort**, **Zeitpunkt** und die **Personen** des Geschehens oder über die wichtigsten Handlungsschritte. Dabei beantwortest du, soweit möglich, die **W-Fragen**:
- **Welche Personen** spielen eine Rolle? **Wer** kommt vor?
- **Wie** stehen die Personen zueinander?
- **Was** geschieht?
- **Wann** und **wo** ereignet sich etwas / spielt die Geschichte?
- **Wie** und **warum** geschieht etwas?
- **Welche Folgen** bringt das Geschehen / Ereignis mit sich?
- **Aus welcher Perspektive** wird der Text erzählt?

Schluss: Du musst **nicht zwingend** einen Schluss schreiben. Am Ende einer Inhaltsangabe kannst du aber ein Fazit ziehen oder bei literarischen Texten auch die Aussage des Textes zusammenfassend darstellen oder die Absicht des Autors erwähnen.

Die **Sprache** der Inhaltsangabe ist **klar** und **sachlich**. Du darfst **keine** persönlichen **Gefühle**, **Meinungen** und **Wertungen** einbringen oder **Spannung** erzeugen.
Wichtige Gesprächspassagen oder wörtliche Äußerungen werden **nicht in direkter Rede**, **sondern** in **indirekter Rede** (Konjunktiv I) wiedergegeben.

Du schreibst eine Inhaltsangabe im Präsens. Allerdings verwendest du für Geschehnisse, die vor der eigentlichen Handlung liegen, das Perfekt.
Wichtig: Lies dir den gegebenen Text gründlich durch und notiere mit Hilfe der **W-Fragen** **Stichpunkte** zu wichtigen Informationen.
Beim Schreiben solltest du dich **vom Stil** und der **Wortwahl** der Textvorlage **lösen**.

10 **a) Lies die folgende Kurzgeschichte und bearbeite anschließend die Aufgaben.**

Nasen kann man so und so sehen

Es ist fast 20 Uhr, als Onkel Thomas aus Kanada zu Besuch kommt. Er will sofort Irina begrüßen.

„Warte einen Augenblick!" bittet die Mutter. „Irina ist jetzt vierzehn. Das ist ein schwieriges Alter. Um 20 Uhr ist eine Klassenfete. Mal will sie hingehn, dann wieder nicht. Sie hat fürchterliche Laune."

Irina steht in ihrem Zimmer vor dem Spiegel.
In letzter Zeit steht sie oft dort.
Mürrisch betrachtet sie ihr Gesicht von allen Seiten. „Diese Nase!" flüstert sie. „Diese entsetzlich große Nase! Eine Nase wie Manuela müsste man haben."
Alle Jungen in Irinas Klasse sind hinter Manuela mit der niedlichen Stupsnase und dem albernen Gekicher her.
Mit verbissenem Gesicht kratzt Irina an einem Pickel herum, befühlt eingehend ihre Nase und stöhnt. An manchen Tagen ist es wie verhext. Da kommt einfach alles zusammen: Zwei neue Pickel, davon einer mitten auf der zu großen Nase, die dadurch natürlich erst recht unangenehm auffällt. Und dann noch Onkel Thomas. Irina hat ihn mindestens drei Jahre nicht gesehen. Onkel Thomas ist Mutters jüngster Bruder. Er ist 23 Jahre alt, lebt in Kanada und hat die dämliche Angewohnheit, Irina bei jedem Wiedersehen hochzuheben und abzuküssen. „Ich mag diese Küsserei nicht", sagt Irina zu ihrem Spiegelbild, geht zur Zimmertür und will sie abschließen. Das macht sie in letzter Zeit oft, wenn Besuch kommt, den sie nicht ausstehen kann.
„Sei nett zu meinem Lieblingsbruder! Er kommt extra aus Kanada", hat die Mutter gesagt.
Irina denkt an den schlaksigen, pickeligen Jüngling und denkt: Von mir aus kann der vom Mond kommen. Sie will den Schlüssel im Schloß herumdrehen. – Zu spät! Onkel Thomas steckt seinen Kopf zur Tür herein: „Hallo, kann ich reinkommen?" Schon ist er im Zimmer.
Sieht echt gut aus, der Typ. Hat mächtig breite Schultern gekriegt. Und dann der Bart! Mensch, hat der sich verändert. Er hebt Irina nicht hoch, er küsst sie nicht ab. Er sieht mit ihr zusammen in den Spiegel, staunt, haut ihr kräftig auf die Schulter und sagt: „Meine Güte, du bist ja eine richtige hübsche junge Dame geworden!"
„Ach was! Quatsch keinen Käse!" sagt die junge Dame und hält ihr Gesicht ganz dicht vor die Spiegelscheibe. „Sieh dir diese Pickel an und dann meine Nase!"
„Pickel hatte ich in deinem Alter auch", sagt Onkel Thomas. „Siehst du noch welche? Und was deine Nase betrifft, tröste dich! Du bist erst vierzehn. Du und deine Nase, ihr wachst ja noch."
Irina reißt entsetzt die Augen auf. „Wächst noch? Meine Nase? – – Alles! Bloß das nicht!"
Sie betrachtet sich im Spiegel. Ihre Augen füllen sich mit Tränen.

„Na, na!" sagt Onkel Thomas. „Ich finde deine Nase ja schon fast richtig, aber noch ein wenig zu klein."
„Zu klein?????" Irina wischt sich eine Träne ab und sieht ungläubig in den Spiegel.
„Na ja", meint Onkel Thomas. „Man kann Nasen so und so sehen. Es kommt wohl auf den Betrachter an."
„Wie siehst du es denn?"
„Also, wenn du mich fragst, ich kann zum Beispiel Frauen mit Stupsnasen nicht ausstehen. Kleine Mädchen mit Stupsnasen, na gut. Aber Frauen mit Stupsnasen sind für mich einfach unmöglich. Viel zu niedlich. Zu puppig. Keine frauliche Ausstrahlung. Magst du etwa Stupsnasen?"
„Ich? – – Nein. – – Eigentlich nicht." Irina strahlt ihren Onkel an, fällt ihm um den Hals und küßt ihn ab. „Oh, Onkel Thomas! Wenn du wüßtest! Du bist prima! Kannst ruhig mal wieder vorbeikommen! Tschüs! Ich muß weg. Wir haben jetzt 'ne Klassenfete."

*Ingrid Kötter (*1934)*

b) Welche Einleitung passt am besten zu dieser Kurzgeschichte. Markiere einen Vorschlag.

a) ◯ In der Kurzgeschichte „Nasen kann man so und so sehen" von Ingrid Kötter geht es um ein 14-jähriges Mädchen namens Irina, das sich ständig im Spiegel betrachtet und kein Selbstwertgefühl hat.

b) ☒ Die Kurzgeschichte „Nasen kann man so und so sehen", geschrieben von Ingrid Kötter, handelt von der 14-jährigen pubertierenden Irina, die sich für ihre große Nase schämt und wegen ihres Aussehens kein Selbstbewusstsein besitzt.

c) ◯ „Nasen kann man so und so sehen" ist eine Geschichte, in der ein Mädchen nur wegen ihrer komischen Nase und einem Pickel keine Lust hat auf eine Klassenfeier zu gehen.

c) Mit welcher Absicht mag Ingrid Kötter diese Kurzgeschichte geschrieben haben? Kreuze an.

a) ☒ Ingrid Kötter möchte insbesondere jungen Lesern verdeutlichen, dass Schönheit nicht an bestimmten und einzelnen Merkmalen festzumachen ist, sondern immer im Auge des Betrachters liegt. Jeder Mensch hat eine andere Sichtweise, einen anderen Blickwinkel und definiert Schönheit anders.

b) ◯ Ingrid Kötter möchte insbesondere jungen Lesern verdeutlichen, dass eine große Nase kein Grund ist, sich hässlich zu fühlen oder sich vor dem Freundeskreis und der Außenwelt zu verstecken.

c) ☒ Ingrid Kötter möchte insbesondere jungen Lesern verdeutlichen, dass ein äußerliches Merkmal wie eine zu große Nase einen Menschen dazu bringen kann, sich vor anderen zu verstecken.

Stellung nehmen – Argumentieren

Merke dir

Du **nimmst Stellung** zu Sachverhalten, wenn du deine **Meinung** äußerst, einen bestimmten **Standpunkt** vertrittst oder eine **Forderung** aussprichst. Deine Stellungnahme ist aber nur überzeugend, wenn du sie durch **treffende Argumente** stützen kannst. Bei einer Stellungnahme ist es grundlegend, dass du sachlich argumentierst und nicht unbedacht und unbegründet deine Meinung äußerst.

Um eine überzeugende Stellungnahme / Argumentation zu formulieren, solltest du dich an folgende Gliederung halten.

These (Behauptung): Du legst deine Meinung dar (Meiner Meinung nach … Ich bin der Ansicht, dass …)

Argument: Wenn du eine These (Behauptung) aufstellst, dann musst du sie auch begründen, denn **eine Behauptung ist** zunächst eine **Aussage ohne Begründung**. Du suchst darum **Argumente** (begründete Meinungen), die deine Ansicht stützen.

Beispiele / Belege: Damit die Beweisführung noch stärker gestützt wird und glaubhafter ist, fügst du deinen Argumenten **Beispiele** (persönliche Erfahrungen, Fakten, Daten, Statistiken), **Belege** (allgemeine Grundsätze, Normen) oder **Zitate** (Expertenmeinungen) an. Verwende z. B. Formulierungen wie „Wie eine Umfrage gezeigt hat … Ich selbst habe erlebt, …".

Schluss: Du **fasst** die **Hauptpunkte** noch einmal **zusammen**. Der Schluss soll den Leser zum Nachdenken anregen oder zum Handeln motivieren. Du kannst hier zum Beispiel die Hauptaussage erneut aufgreifen, dem Leser eine persönliche Frage stellen oder ein passendes Zitat anfügen. Wichtig ist aber auch, dass du noch einmal **genau überprüfst**, ob du deine Meinung anhand von Argumenten und Beispielen ausreichend begründet und verdeutlicht hast.

Oft legst du in einer Stellungnahme mehrere Argumente dar. Bring sie in eine sinnvolle und logische **Reihenfolge** und ordne sie am besten steigernd (vom schwächsten zum überzeugendsten Argument). Achte auch auf die **sprachliche Darstellung**: Verwende Verknüpfungswörter oder Ausdrücke der Reihenfolge wie *auch, außerdem, zusätzlich, schließlich, des Weiteren, zunächst, noch überzeugender ist*. Argumente lassen sich mit Konjunktionen wie *denn, weil, vor allem, andererseits* bekräftigen.
Außerdem kannst du dir im Vorfeld überlegen, welche **Gegenargumente** es zu deiner Ansicht gibt und diese dann aufgreifen und widerlegen / entkräften.

11 **a) Ordne zu, ob es sich bei den Äußerungen zu den unterschiedlichen Themen um eine These (T), ein Argument (A) oder ein Beispiel (B) handelt. Achtung: Eine Äußerung ist eine persönliche Aussage. Unterstreiche sie.**

a) ___ Der tägliche Genuss von Fast Food ist ungesund und macht dick.
b) ___ Jemand mit Handyvertrag gerät eher in die Schuldenfalle als jemand mit einer Prepaid-Karte, weil die Kosten nicht direkt ersichtlich sind.
c) ___ Marie ist der Ansicht, dass ein leerer Magen dazu führt, dass mehr Lebensmittel als nötig im Einkaufswagen landen.
d) ___ Auch Erwachsene, die sich als Schüler ausgeben oder falsche Angaben zu ihrer Person machen, nutzen diese Foren oder Portale, um bewusst mit Jugendlichen zu chatten.
e) ___ Das tägliche Zeitungslesen führt dazu, dass man sich eine eigene Meinung zu aktuellen Themen bilden kann.
f) ___ Bereits jeder dritte Jugendliche im Alter von 14 Jahren hat Schulden.
g) ___ Schülerportale bergen Gefahren in sich.
h) ___ Nur so kann das richtige Einteilen des Geldes während eines bestimmten Zeitraums erlernt werden.
i) ___ Fernsehen ist blöd.
j) ___ Lesen bildet.
k) ___ Die zehnjährige Lisa ist bereits in der Lage, pro Tag nicht mehr als einen Euro auszugeben.
l) ___ In den USA ist die Fettleibigkeit der Menschen zum echten Gesundheitsproblem geworden.
m) ___ Die regelmäßige Gabe von Taschengeld fördert den sinnvollen Umgang mit Geld.
n) ___ Untersuchungen der Universität Braunschweig haben bewiesen, dass Verbraucher mit leerem Magen 43 % mehr Lebensmittel einkaufen.
o) ___ Das Verschicken von SMS führt in die Schuldenfalle.

b) Manchen Thesen lässt sich ein Argument oder Beispiel zuordnen. Finde, was zusammengehört, und schreibe die Lösungen nach dem angegebenen Muster in dein Übungsheft.

a) T → l) A
...

Leserbrief

Merke dir

Mit einem **Leserbrief** kannst du dich zu einem Sachverhalt in einer Zeitung oder einer Zeitschrift **äußern**, ihn **berichtigen**, **ergänzen** oder **kritisieren**. Manchmal erhält der Leser durch einen Leserbrief neue Anregungen, Lösungsvorschläge oder Hinweise auf weitere Probleme. In einem Leserbrief gibst du deine **persönliche Meinung** wieder, sodass dieser Brief eine **besondere Form** der **Stellungnahme** ist. Allerdings musst du auch den Sachverhalt exakt darlegen. Halte dich an folgende Gliederung:

Einleitung: Du greifst den **aktuellen Anlass / die Ausgangssituation** auf und stellst dabei den **Bezug** zur **Textvorlage** (Zeitungsartikel) her. Auch muss der **Grund** für dein Schreiben deutlich werden.

Hauptteil: Du legst den **Sachverhalt** und seine Hintergründe dar. Dabei darfst du Bewertungen vornehmen und kritisierende Äußerungen einbeziehen. Mache deinen **Standpunkt klar**.

Schluss: Du gibst ein Fazit, ziehst Schlussfolgerungen, stellst Forderungen auf, machst kritische Bemerkungen und appellierst an den Leser. Im Schlussteil nimmst du **eindeutig Stellung.**

Die **Sprache** des Leserbriefs sollte **vorrangig sachlich** sein. Du darfst aber auch persönliche Empfindungen äußern. Achte darauf, dass der **Sachverhalt** für andere **nachvollziehbar** formuliert ist. Da der Leserbrief durch den Abdruck in einer Zeitung Bestandteil oder Anlass einer öffentlichen Leserdiskussion sein kann, darfst du niemanden wörtlich angreifen oder beleidigen.

Einen Leserbrief schreibst du im **Präsens**.

12 **a) Die äußere Form des Leserbriefs wurde nicht eingehalten. Gliedere den Brief in Einleitung, Hauptteil und Schluss, indem du die Zeilen angibst und die Stellen im Text markierst, an denen ein Absatz stehen sollte. Begründe deine Entscheidung stichpunktartig.**

Liebe Leserinnen und Leser, ich beziehe mich auf den Artikel „Endlich ein Jugendtreff", der im Kaltstätter Anzeiger vom 22. 07. 2009 erschienen ist. Es ist schade, dass die Stadt zwei Jahre braucht, um Räumlichkeiten zu schaffen, in denen ein organisierter Jugendtreff unterkommen kann. Aber jetzt ist es endlich geschafft. Mit diesen Räumlichkeiten gehen die Beschwerden der kinderfeindlichen Anwohner wegen des lauten Gegröles auf den Straßen oder der Randale im und um den Stadtpark herum deutlich zurück. Doch nicht nur das Umfeld spürt eine Verbesserung, besonders die jungen Menschen profitierten von dieser Einrichtung. Ab 17.00 Uhr haben die Jugendlichen die Möglichkeit, dort unter sich zu sein. Es ist zwar immer ein Betreuer anwesend, aber die jungen Menschen bekommen selbst Verantwortung übertragen, indem sie beispielsweise Kicker-Turniere, DVD-Abende oder andere Aktivitäten organisieren. Langeweile kommt hier nicht auf. Auch für die Eltern bedeutet der Jugendtreff eine Entlastung, da sie wissen, wo sich ihre Kinder aufhalten und dass jemand ein Auge auf sie hat. Um es in den Worten der Jugendlichen zu sagen: Sie hängen nicht mehr auf der Straße ab, wo sich andere Mitmenschen von ihnen gestört fühlen könnten. Die lange Wartezeit scheint sich wirklich gelohnt zu haben. Ich freue mich schon, wenn ich meinen Sohn Kilian in zwei Jahren dort ohne Sorge hingehen lassen kann.

Peter Mohl

Einleitung Zeile __________

____

Hauptteil Zeile __________

____

Schluss Zeile __________

____

b) Finde zwei formale Fehler, die sich eingeschlichen haben, und unterstreiche sie.

Sich sprachlich gut ausdrücken

Merke dir

Deine **Wortwahl** sollte vor allem beim Schreiben immer **treffend** und **abwechslungsreich** sein. **Wortwiederholungen, Umgangssprache** und **unnötige Umschreibungen** solltest du **vermeiden.** Wenn du viele Wörter kennst, dann kannst du auch **genauer erzählen** und **beschreiben.**

Wörter mit **vergleichbarer** und **verwandter** oder **gegensätzliche Bedeutung** bilden ein **Wortfeld.** Zu einem Wortfeld gehören Wörter **einer Wortart**. Die Wörter eines Wortfeldes lassen sich beispielsweise nach Abstufungen (flüstern, sprechen, brüllen, schreien) oder nach Gegensätzen (flüstern ↔ brüllen) ordnen. Wörter können sich vor allem auf zwei Weisen aufeinander beziehen:

Synonyme: Als Synonyme bezeichnest du Wörter, die eine gleiche oder ähnliche Bedeutung haben.
Apfelsine – Orange   tapfer – mutig

Antonyme: Antonyme sind Wörter, mit denen du Gegensätze ausdrücken kannst.
Tag ↔ Nacht   gehen ↔ rennen

13 **Finde jeweils das richtige Synonym oder Antonym.**

a) Synonym für „sich erkundigen"
☐ stammeln ☐ erläutern ☒ fragen ☐ plaudern

b) Antonym zu „Frau"
☐ Junge ☐ Herr ☐ Knabe ☒ Mann

c) Antonym zu „traurig"
☐ einsam ☐ schlecht gelaunt ☒ fröhlich ☐ munter

d) Antonym zu „sinnlos"
☐ wertlos ☐ kopflos ☒ sinnvoll ☐ klug

e) Synonym für „Erfindung"
☐ Entstehung ☐ Erzeugung ☒ Entdeckung ☐ Eigentum

14 **Finde treffendere Wörter aus dem Wortfeld „sagen". Beachte, dass manche der vorgegebenen Wörter nicht passen. Bilde jeweils die richtige Personalform. Manchmal musst du einen Satz auch etwas verändern.**

bezweifeln – jammern – berichten – kichern – fragen – predigen – loben – beschimpfen – erklären – spotten – behaupten – vorschlagen – trösten – flüstern – knurren

a) Der Polizist sagt erklärt dem Fußgänger den Weg zum Bahnhof.

b) Mein Bruder sagt behaupdet, er könne mindestens zehn Hamburger in fünf Minuten essen.

c) „Pst! Wir wollen uns den Film ansehen", sagen knurren die Kinder zu ihrer Mutter.

d) „Im städtischen Tierpark hat es heute Morgen einen bärigen Nachwuchs gegeben", sagt berichdet der Reporter.

e) „Lasst uns heute bei dem schönen Wetter ins Schwimmbad gehen", sagt schlägd Marie zu ihren Freundinnen. vor

f) „Deine Mitarbeit war heute besonders gut", sagt lobt Bastians Lehrerin.

1 **Kreuze die richtigen Aussagen über die Textsorten Nachricht, Bericht und Reportage an.**

a) ◯ Eine Nachricht fasst in aller Kürze und Sachlichkeit die W-Fragen zu einem aktuellen Ereignis zusammen.

b) ◯ Bereits in der Überschrift (Schlagzeile) einer Nachricht sind die wichtigsten Informationen enthalten.

c) ◯ Da die Nachricht Aktualität besitzt, schreibst du sie immer im Präsens.

d) ◯ Ein Bericht ist in seiner Ausführung im Hauptteil genauer als die Nachricht, sodass er auch Interviews und Zitate einbeziehen muss.

e) ◯ Hintergründe und Folgen zum Ablauf des Geschehens oder Sachverhalts werden neben allen anderen W-Fragen im Hauptteil des Berichts besonders berücksichtigt.

f) ◯ Deine eigene Meinung hat weder im Bericht noch in der Nachricht aufzutauchen. Beide Texte werden in einer sachlichen, genauen und knappen Sprache verfasst.

g) ◯ Eine Reportage dagegen enthält die persönliche Sichtweise des Berichtenden, betont aber auch die Tatsachen. Deshalb bezeichnest du sie auch als tatsachenbetonten Erlebnisbericht.

h) ◯ Die Reportage hat ein offenes Ende, da sie den Leser zum Nachdenken anregen möchte.

i) ◯ Spannung sowie erzählende und informierende Abschnitte werden mit einer lebendigen und anschaulichen Sprache aufgebaut und gestaltet.

j) ◯ In einer Reportage darfst du die wörtliche Rede verwenden.

k) ◯ Eine Reportage hat meistens keine Überschrift, da der Leser direkt ins Geschehen gestellt wird.

l) ◯ Zitate von Fachpersonen oder Interviewteile solltest du nicht verwenden, da die Reportage sonst zu sehr an einen wissenschaftlichen Text erinnert.

2 **a) Lies den lyrischen Text.**

Erlkönig

Wer reitet so spät durch Nacht und Wind?
Es ist der Vater mit seinem Kind;
Er hat den Knaben wohl in dem Arm,
Er faßt ihn sicher, er hält ihn warm. –

Mein Sohn, was birgst du so bang dein Gesicht? –
Siehst, Vater, du den Erlkönig nicht?
Den Erlenkönig mit Kron' und Schweif? –
Mein Sohn, es ist ein Nebelstreif. –

„Du liebes Kind, komm, geh mit mir!
Gar schöne Spiele spiel' ich mit dir;
Manch' bunte Blumen sind an dem Strand;
Meine Mutter hat manch' gülden Gewand."

Mein Vater, mein Vater, und hörest du nicht,
Was Erlenkönig mir leise verspricht? –
Sei ruhig, bleibe ruhig, mein Kind!
In dürren Blättern säuselt der Wind. –

„Willst, feiner Knabe du mit mir gehn?
Meine Töchter sollen dich warten schön;
Meine Töchter führen den nächtlichen Reihn
Und wiegen und tanzen und singen dich ein."

Mein Vater, mein Vater, und siehst du nicht dort
Erlkönigs Töchter am düstern Ort? –
Mein Sohn, mein Sohn, ich seh' es genau;
Es scheinen die alten Weiden so grau. –

„Ich liebe dich, mich reizt deine schöne Gestalt;
Und bist du nicht willig, so brauch' ich Gewalt." –
Mein Vater, mein Vater, jetzt faßt er mich an!
Erlkönig hat mir ein Leids getan! –

Dem Vater grauset's, er reitet geschwind,
Er hält in den Armen das ächzende Kind,
Erreicht den Hof mit Mühe und Not;
In seinen Armen das Kind war tot.

Johann Wolfgang von Goethe (1749–1832)

b) Gib die Verszeilen an, in denen die Spannung langsam zu einem Höhepunkt aufgebaut wird.

c) Suche einen der folgenden Einleitungssätze aus, der die Thematik der Ballade am besten darlegt.

a) ◯ Goethes Ballade „Erlkönig" erzählt von einem Vater, der mit seinem Sohn durch die Nacht reitet.

b) ◯ In Goethes Ballade „Erlkönig" geht es um einen Vater, der mit seinem schwer erkrankten Sohn, dem in Fieberfantasien die Natur in Gestalt des Erlkönigs erscheint, eilig durch die Nacht reitet.

c) ◯ Goethes Ballade „Erlkönig" zeigt, mit welcher Macht Natur und Naturvorgänge sich gegen einen Vater und seinen kranken Sohn richten.

d) ◯ Goethes Ballade „Erlkönig" erzählt von einem Vater, der mit seinem kranken Sohn im Arm durch die Nacht reitet und dem der Erlkönig begegnet.

d) Gib das Reimschema der Ballade an. Nimm dafür nur die erste Strophe und schreibe das Schema hinter die Verszeilen. Wie bezeichnet man diesen Reim?

Name des Reims: ____________________

3 Wie heißt das vorgegebene Metrum?

a) x x x́ = ____________________

b) x x́ = ____________________

c) x́ x = ____________________

d) x́ x x = ____________________

4 **Was trifft auf die Inhaltsangabe zu. Kreuze an.**

a) ◯ Eine Inhaltsangabe gliederst du nach der klassischen Aufsatzform in Einleitung, Hauptteil und Schluss.

b) ◯ Du schreibst eine Inhaltsangabe im Präsens. Für Geschehnisse vor der eigentlichen Handlung verwendest du das Perfekt.

c) ◯ In der Inhaltsangabe darfst du zur Glaubhaftigkeit wörtliche Rede aus der Textvorlage verwenden.

d) ◯ Im Schlussteil erwähnst du deinen Standpunkt zum Textinhalt.

e) ◯ Versuche beim Schreiben einen Spannungsbogen aufzubauen, damit der Leser neugierig bleibt.

f) ◯ Im Hauptteil informierst du ausführlich, indem du die W-Fragen berücksichtigst.

g) ◯ Du solltest dich in deiner Sprache klar und sachlich ausdrücken.

5 **Was trifft auf die Stellungnahme/Argumentation zu? Kreuze Richtiges an.**

a) ◯ Du argumentierst, um jemanden von deiner Meinung zu überzeugen.

b) ◯ Nur deine Meinung zählt, sodass das Nennen von Fakten oder Statistiken überflüssig ist.

c) ◯ Deine Behauptung, die du aufstellst, musst du aber immer mit einem persönlichen Beispiel begründen, damit sie deinem Gegenüber glaubhafter erscheint.

d) ◯ Eine Argumentation / Stellungnahme folgt dem Schema: Behauptung – Argument(e) – Beispiel(e).

e) ◯ Argumente sind begründete Meinungen, die du z. B. durch Fakten, Statistiken oder Zitate von Experten belegen und stützen kannst.

f) ◯ Beim Schreiben beginnst du damit, dass du deine Meinung (These) zu einem bestimmten Thema darlegst.

g) ◯ Wenn du im Hauptteil alle Argumente mit Beispielen belegt hast, dann beendest du deine Stellungnahme immer mit einer Frage an den Leser. Schließlich soll er ja zum Nachdenken angeregt werden.

6 Diane möchte einen Leserbrief schreiben. Ihre Freundin Steffi gibt ihr Tipps. Doch überprüfe, ob diese auch in Ordnung sind. Hake die richtigen Aussagen ab.

a) Als Grundlage für deinen Leserbrief brauchst du einen Zeitungs- oder Zeitschriftenartikel, denn schließlich möchtest du dich zu einem dargestellten Sachverhalt äußern, diesen ergänzen oder kritisieren.

b) Der Sachverhalt ist allerdings nicht das Wichtigste, sondern deine persönliche Meinung steht im Vordergrund. Du musst ihn also nicht genau wiedergeben. Schließlich kann jeder den Ausgangsartikel lesen.

c) Formulierungen wie „die Bürgermeisterin sah bei diesem Anlass wie eine Wurst in der Pelle in ihrem Hosenanzug aus" oder „das Essen war eine schreckliche Zumutungen und Unverschämtheit für jeden verwöhnten Gaumen" darfst du verwenden, da du so deine persönliche Meinung unterstreichst.

d) Du gliederst deinen Leserbrief wie jede klassische Aufsatzform in Einleitung, Hauptteil und Schluss. Der ausführlichste Teil ist natürlich der Hauptteil, da du hier den Sachverhalt mit seinen Hintergründen darstellst.

e) In der Einleitung solltest du unbedingt den Bezug zum ausgewählten Artikel herstellen und deine Beweggründe, die dich dazu veranlasst haben, den Leserbrief zu schreiben, nennen. Also die Warum-Frage ist hier zu klären.

f) Der Schluss dient dazu, ein Fazit zu ziehen, Forderungen zu stellen oder in aller Deutlichkeit das persönliche Anliegen dem Leser mitzuteilen. Hier nimmst du eindeutig Stellung.

g) Den Leserbrief verfasst du in der Zeitform Präteritum, da du dich ja auf einen bereits veröffentlichten Artikel beziehst.

h) Sprachlich solltest du darauf achten, dass du sachlich bleibst und den Sachverhalt nachvollziehbar formulierst. Trotz der Faktendarstellung gibst du aber auch deinen eigenen Standpunkt wieder. Denn das zeichnet den Leserbrief als eine Form der Stellungnahme aus.

7 **a) Unter den Synonymen versteckt sich auch das Wortfeld selbst. Kreise es ein und ordne ihm die Synonyme zu.**

erblicken – unbrauchbar – kosten – brausen – verfault – verspeisen – beobachten – tuckern – sehen – gondeln – schmatzen – zerbrochen – fahren – umsehen – sausen – genießen – kaputt – hinstarren – zerlöchert – kauen – kutschieren– flitzen – knabbern – beachten – essen – eingeschlagen

Wortfeld:	

b) Finde das passende Antonym. Die Anzahl der Striche hilft dir bei der Suche.

a) stark ↔ _ _ _ _ _ _ _

b) gerade ↔ _ _ _ _ _ _

c) wellig ↔ _ _ _ _ _

d) leer ↔ _ _ _ _

e) Mädchen ↔ _ _ _ _ _

f) Sonne ↔ _ _ _ _

g) gefälscht ↔ _ _ _ _

h) links ↔ _ _ _ _ _ _

i) Hund ↔ _ _ _ _ _

j) laut ↔ _ _ _ _ _

Lösungen

Diagnosetest Seite 6–7

Gib dir im Diagnosetest für jede richtige Antwort 1 Punkt.

1
a) Wir fragen **uns**, ob viele Menschen bei Regenwetter zum Sportfest kommen.
b) Sie fühlt **sich** heute gut ausgeschlafen.
c) Sie haben **sich** eine Überraschung für ihre Mutter überlegt.
d) Ich denke **mir** etwas Neues aus.
e) Du wunderst **dich** über die Geschichte?
f) Ich lege **mich** jetzt auf meine Liege im Garten.
g) Sie erzählen **sich** alle Geheimnisse.
h) Ihr interessiert **euch** für alte Eisenbahnen?

2
a) Könnten Sie mir diese Tasche aus dem Schaufenster holen?
b) Gestern traf ich den Jungen, der meine vermisste Katze Pipsi fand.
c) Das ist die Vanillesoße, die wir immer in Holland kaufen.
d) Bei solch einer Geschwindigkeit ist es schwierig, mit den Rollschuhen zu bremsen.
e) Es hat mich sehr gefreut, dass unsere Tennismannschaft den ersten Platz erreicht hat.
f) Meine Freundin hat sich dasselbe T-Shirt gekauft wie ich.
g) Diejenigen, die ihr Abendessen gegessen haben, dürfen ihre Teller abräumen.
h) Ich sehe mir nur Kinofilme an, die mich interessieren.

3
nichts, niemand, mehrere, einige, man, irgendwie, alle, jeder, kein, manche

4
RP = Relativpronomen, DP = Demonstrativpronomen

	RP	DP
a) **Das / Dies** ist der Grund für sein Verhalten.	○	ⓧ
b) Wie heißt das Getränk, **das** man gerne an kalten Wintertagen trinkt?	ⓧ	○
c) Hier ist dein Frühstücksei, **das** du dir gewünscht hast.	ⓧ	○
d) Ein Kind, **das** nicht schwimmen kann, muss Schwimmflügel anziehen.	ⓧ	○
e) Ihr solltet euch **das / dies / dieses** nicht zweimal sagen lassen.	○	ⓧ
f) Ist **das / dies / dieses** unser neues Auto?	○	ⓧ
g) Das Jungtier, **das** sich hinter seiner Mutter versteckt, ist die Attraktion im Zirkus.	ⓧ	○

Zähle deine Punkte zusammen und trage deinen Punktwert in die Tabelle ein. Wenn du unterhalb des kritischen Punktwertes liegst, kannst du in der letzten Spalte ablesen, auf welchen Seiten du Erklärungen und Übungen findest, die dir weiterhelfen.

Bereich	Aufgabe	Gesamtpunktzahl	dein Punktwert	kritischer Punktwert	Übe ab
Reflexivpronomen	**1**	8		6	Seite 8
Demonstrativpronomen	**2**	5		3	Seite 9
Indefinitpronomen	**3**	10		8	Seite 10
Relativpronomen / Demonstrativpronomen	**4**	7		5	Seite 11 Seite 9

Übungsteil ab Seite 8

1

ich	kaufe **mir**	schäme **mich**	verstecke **mich**	denke **mir**
du	kaufst **dir**	schämst **dich**	versteckst **dich**	denkst **dir**
er/sie/es	kauft **sich**	schämt **sich**	versteckt **sich**	denkt **sich**
wir	kaufen **uns**	schämen **uns**	verstecken **uns**	denken **uns**
ihr	kauft **euch**	schämt **euch**	versteckt **euch**	denkt **euch**
sie	kaufen **sich**	schämen **sich**	verstecken **sich**	denken **sich**
Kasus	**Dativ**	**Akkusativ**	**Akkusativ**	**Dativ**

2

a) **Dieses/Dies** Fahrrad gehört mir, **jenes** dort meinem Bruder.
b) Sie teilen sich **dasselbe** Zimmer.
c) Alle applaudieren **demjenigen**, der die Quizfrage am schnellsten gelöst hat.
d) Er möchte **diese** Fernsehsendung aufzeichnen.
e) Viele Segler mögen **solch/dieses** stürmisches/stürmische Wetter.
f) Sie hört schon seit einer halben Stunde immer wieder **denselben** Song.

3

a) ⓧ Ihr solltet euch **das** nicht entgehen lassen.
b) ◯ Er weiß doch, **dass** ich Höhenangst habe.
c) ⓧ Sehen Sie sich **das** an!
d) ⓧ **Das** muss ein Irrtum sein!
e) ◯ Tobias hatte keine Ahnung, **dass** seine Freunde eine Überraschungsparty planten.
f) ⓧ **Das** war es also, worüber sie sich wunderte.
g) ⓧ **Das** kann doch wohl nicht dein Ernst sein!
h) ◯ Marc rechnete damit, **dass** die Mannschaft das Handballspiel verlieren würde.

Bei den übrigen Sätzen handelt es sich um die Konjunktion *dass*.

4

a) **Keine** Rose ohne Dornen.
b) Wer **anderen** eine Grube gräbt, fällt selbst hinein.
c) **Kein** Preis ohne Fleiß.
d) **Mancher** will fliegen, ehe er Federn hat.
e) **Man** soll den Tag nicht vor dem Abend loben.
f) **Etwas** ist besser als nichts.
g) **Viele** Köche verderben den Brei.

5

a) ein paar
b) irgendetwas
c) jeder
d) Niemand
e) sämtliche
f) Wenige

6 **Da kommt der berühmte Schauspieler,**
der schon viele Filmpreise gewonnen hat.
dessen Auftritte besonders bei Mädchen eine Hysterie auslösen.
dem seine Freunde und Familie sehr wichtig sind.
den nichts aus der Ruhe bringen kann.

Wir haben ein Lämmchen,
das mit einer Milchflasche aufgezogen wurde.
dessen Mutter bei der Geburt gestorben ist.
dem wir täglich frisches Gras zu fressen geben.
das mir überallhin folgt.

Auf dem Burgfest treten Personen als verkleidete Ritter auf,
die spielerisch gegeneinander kämpfen.
deren Auftritte lustig und spannend sind.
denen das Ritterdasein gefällt.
die im wahren Leben andere Berufe haben.

Abschlusstest Seite 12 – 14

Gib dir im Abschlusstest für jede richtige Antwort 1 Punkt.

1 **Gib dir für jedes richtig zugeordnete Pronomen 1 Punkt.**

Relativ-pronomen	Demonstrativ-pronomen	Reflexiv-pronomen	Indefinit-pronomen
die	jener	dir	andere
welche	dies	sich	jegliche
	derjenige		irgendwer
			jedermann
			irgendwo
			man

2 **Gib dir für jeden Außenseiter, den du gefunden hast, 1 Punkt.**

a) keine (Indefinitpronomen)
b) sich (Reflexivpronomen)
c) irgendwer (Indefinitpronomen)
d) mancher (Indefinitpronomen)
e) diese (Demonstrativpronomen)
f) was (Relativpronomen)

Bei den jeweils anderen Pronomen handelt es sich um:
a) Reflexivpronomen
b) Indefinitpronomen
c) Reflexivpronomen
d) Demonstrativpronomen
e) Relativpronomen
f) Indefinitpronomen

3 *Relativpronomen = blau, Reflexivpronomen = violett, Demonstrativpronomen = orange, Indefinitpronomen = grün*

Noch drei Tage, dann ist **jener** Tag gekommen, auf den **sich** **alle** schon lange freuen. Im Radio und in den Zeitungen hört oder liest **man** bereits täglich über die Eröffnungsfeier des neuen Freizeitparks. Besonders die Kinder freuen **sich** auf die neuen Fahrattraktionen und Shows. Es soll eine neue Achterbahn geben, **die** aus Holz besteht. Für **manchen** sind **solche** schnellen Fahrten aber beängstigend. Er sollte eher eine gemütliche Tour in der Dampflokomotive wählen oder ein 3D-Kino besuchen. Doch meist übernimmt **derjenige**, **der** an **diesen** rasanten Fahrten nicht teilnehmen möchte, die Aufsicht über die Rucksäcke. Er wird **sich** dabei sicher nicht langweilen, denn die Fahrt dauert oft nur Sekunden. Manchmal sind aber die Wartezeiten, **die** auf Schildern am Eingang aushängen, sehr lang. Besonders bei einer Neueröffnung muss **man** bis zu zwei Stunden warten. Die Zeit lässt **sich** aber gut mit **sämtlichen** Essens- und Getränkeangeboten überbrücken. **Diesen** süßen oder herzhaften Leckereien können **viele** nicht widerstehen, wenn sie einen ganzen Tag in **solchen** Parks verbringen. Nur **wenige** gehen mit leerem Magen durch die Ausgangspforten.

4

a) Um die Lampe summten **ein paar** Fliegen. — Indefinitpronomen
b) Ich denke, dass **dieser** Weg in die falsche Richtung führt. — Demonstrativpronomen
c) In der Nachbarschaft hat **niemand** den Dieb gesehen. — Indefinitpronomen
d) Die Zuschauer sahen einen Clown, **der** Lieder gurgelte. — Relativpronomen
e) Ich habe **mich** letzte Nacht erkältet. — Reflexivpronomen
f) **Man** konnte die Hand nicht vor den Augen sehen. — Indefinitpronomen
g) Er erinnerte **sich** nicht mehr an den Unfall. — Reflexivpronomen

Rechne wieder deine Punkte zusammen. Liegst du in einem Bereich immer noch unterhalb des kritischen Punktwertes, wiederhole diesen Bereich einfach noch einmal.

Bereich	Aufgabe	Gesamtpunktzahl	dein Punktwert	kritischer Punktwert	Wiederhole ab
Reflexivpronomen, Demonstrativpronomen, Indefinitpronomen, Relativpronomen	**1**	13		10	Seite 8
	2	6		4	
	3	20		17	
	4	14		11	

Diagnosetest Seite 16 – 17

Gib dir im Diagnosetest für jede richtige Antwort 1 Punkt.

1
a) ich kochte
b) er hat gesungen
c) ihr lacht
d) sie waren gekommen
e) du hast gefragt
f) wir gingen

2
a) er glaube
b) sie wisse
c) sie seien
d) ihr habet
e) du müssest
f) du liebest

3

würde-Form	Konjunktiv II
würde jeden Tag die Sonne scheinen.	**schiene jeden Tag die Sonne.**
würden sie immer fröhlich sein.	**wären sie immer fröhlich.**
würden Süßigkeiten an den Bäumen hängen.	**hingen Süßigkeiten an den Bäumen.**
würden sie mit Tieren sprechen.	**sprächen sie mit Tieren.**
würden sie jeden Tag lange schlafen.	**schliefen sie jeden Tag lange.**

4
a) Die Hose sei ihm zu klein, antwortet der Kunde der Verkäuferin.
b) Marie sagt zu ihrer Mutter, sie bringe den Müll hinunter.
c) Sie sei mit den Textaufgaben fertig, erklärt Annette ihrer Lehrerin.
d) Markus sagt seinen Freunden, er käme um 15.00 Uhr auf den Sportplatz.
e) Julia bedauert, sie wisse nichts über den Diebstahl im Kaufhaus.

5
a) Der Bergsteiger zu seinem Freund: „**Halt** bloß das Seil fest!"
b) Die Mutter zu ihren Kindern: „**Setzt** euch sofort hin!"
c) Der Bruder zu seiner Schwester: „**Fang** mich doch!"
d) Der Vater zu seinen Söhnen: „**Schaltet** endlich den Fernseher aus!"
e) Der Fluggast zur Stewardess: „**Lassen** Sie mich doch bitte schlafen!"

Zähle deine Punkte zusammen und trage deinen Punktwert in die Tabelle ein. Wenn du unterhalb des kritischen Punktwertes liegst, kannst du in der letzten Spalte ablesen, auf welchen Seiten du Erklärungen und Übungen findest, die dir weiterhelfen.

Bereich	Aufgabe	Gesamt-punktzahl	dein Punktwert	kritischer Punktwert	Übe ab
Indikativ	**1**	6		5	Seite 18
Konjunktiv I	**2**	6		5	Seite 19
Konjunktiv II	**3**	5		4	Seite 21
Indirekte Rede	**4**	5		4	Seite 19
Imperativ	**5**	5		4	Seite 22

Übungsteil ab Seite 18

1

a) Die Frau **belohnte** ihren Dackel mit einem Kauknochen. — **Präteritum** Indikativ
b) Nächstes Mal **wird** unsere Mannschaft **gewinnen.** — **Futur I** Indikativ
c) Unser Papagei **spricht** nicht immer. — **Präsens** Indikativ
d) Das Musikstück **hast** du fleißig **geübt.** — **Perfekt** Indikativ
e) Mein kleiner Bruder **wird** bald **laufen.** — **Futur I** Indikativ
f) Sie **hatten** für große Aufregung **gesorgt.** — **Plusquamperfekt** Indikativ
g) Die Milch **war übergekocht.** — **Plusquamperfekt** Indikativ
h) Der Bauer **ging** wie jeden Morgen in den Kuhstall. — **Präteritum** Indikativ
i) Ihr **seid** aber früh **angekommen.** — **Perfekt** Indikativ

2

Zeitformen	schreiben	klatschen	tanzen
Präsens	ich **schreibe**	er **klatscht**	wir **tanzen**
Präteritum	ich **schrieb**	er **klatschte**	wir **tanzten**
Perfekt	ich **habe geschrieben**	er **hat geklatscht**	wir **haben getanzt**
Plusquamperfekt	ich **hatte geschrieben**	er **hatte geklatscht**	wir **hatten getanzt**
Futur I	ich **werde schreiben**	er **wird klatschen**	wir **werden tanzen**

3

a) 2. Pl. Präsens von „machen" — ihr machet
b) 3. Sg. Perfekt von „gehen" — er / sie / es sei gegangen
c) 1. Sg. Präsens von „sollen" — ich solle
d) 2. Sg. Futur I von „laufen" — du werdest laufen
e) 2. Sg. Präsens von „lachen" — du lachest
f) 3. Pl. Perfekt von „fliegen" — sie seien geflogen
g) 1. Pl. Präsens von „sehen" — wir sähen / würden sehen (statt: sehen)
h) 3. Pl. Präsens von „kochen" — sie kochten / würden kochen (statt: kochen)
i) 2. Sg. Perfekt von „lesen" — du habest gelesen
j) 3. Sg. Futur I von „ankommen" — er / sie / es werde ankommen
k) 2. Sg. Präsens von „haben" — du habest
l) 1. Pl. Präsens von „springen" — wir sprängen / würden springen (statt: springen)

4

a) Frau Berger sagt zu ihrem Mann, dass heute gutes Wetter zum Angeln **sei.**
b) Der Richter sagt zu dem Zeugen, dass er die Wahrheit sagen **müsse.**
c) Rebecca erzählt ihrer Freundin, dass sie mit ihren Eltern in den Tierpark **gehe.**
d) Der Sohn versprach seinem Vater, dass er ihm beim Streichen der Wände helfen **wolle.**
e) Meine Freundin berichtete, dass sie in den Ferien in Frankreich **gewesen seien.**

5 a) Ihr **bekämet** vielleicht die Chance, in einer Fernsehserie mitzuspielen.
b) Du benimmst dich, als **wärest** du eine berühmte Person.
c) Er tut so, als **läse** er ein spannendes Buch.
d) In einem Anzug **sähe** er eleganter aus.
e) Er nahm an, sie **träfen** sich am Sportplatz.

6 a) sie fragten → sie würden fragen
b) du sähest → du würdest sehen
c) er läse → er würde lesen
d) du wärest → du würdest sein
e) ihr bekämet → ihr würdet bekommen
f) es brächte → es würde bringen
g) sie wüchsen → sie würden wachsen
h) sie träfen → sie würden treffen
i) wir äßen → wir würden essen

7 **a)**

Verb im Infinitiv	Singular	Plural	Höflichkeitsform „Sie"
suchen	Such!	Sucht!	Suchen Sie!
stehen	Steh!	Steht!	Stehen Sie!
ziehen	Zieh!	Zieht!	Ziehen Sie!
versuchen	Versuch!	Versucht!	Versuchen Sie!
laufen	Lauf!	Lauft!	Laufen Sie!

b) a) Ein Mann zu seinem Hund: „**Such** den Knochen, Fips!"
b) Der Arzt zu einem Patienten: „**Versuchen Sie** tief ein- und auszuatmen."
c) Die Mutter zu ihren Kindern: „**Steht** bitte vom Fußboden auf!"
d) „**Zieht** eure nassen Schuhe aus", sagt die Oma zu ihren Enkeln.
e) Der Zirkusdirektor zum Angestellten: „**Ziehen Sie** an der Schnur, damit der Vorhang fällt!"

Abschlusstest Seite 23 – 24

Gib dir im Abschlusstest für jede richtige Antwort 1 Punkt.

1

a) Er liest die Zeitung.
b) Sie darf ein Eis essen.
c) Sie weiß nichts von einem Treffen.
d) Sie ist fertig mit den Hausaufgaben.
e) Das Kind will Fangen spielen.

2

a) er isst	er äße	f) ich brauche	ich bräuchte
b) wir trinken	wir tränken	g) er ruft	er riefe
c) sie kommen	sie kämen	h) wir sehen	wir sähen
d) ihr sprecht	ihr spräche	i) ich lasse	ich ließe
e) ihr steht	ihr stündet/ständet	j) sie fängt	sie finge

3

	Konj. I	Konj. II
a) Der Professor meint, das Experiment lasse sich nicht umsetzen.	ⓧ	○
b) Tina wünscht, sie bekäme Reitstunden.	○	ⓧ
c) Marie erklärte ihrer Mutter, sie könne ihren blauen Pulver nicht finden.	ⓧ	○
d) Die Großmutter erklärte, ihr Enkel äße gerne Kartoffelklöße mit Soße.	ⓧ	○
e) Anne wünscht, die Kinder ließen die Hänseleien.	○	ⓧ
f) Thomas behauptet, er laufe am schnellsten.	ⓧ	○

4

Verbform	Indikativ Präsens	Indikativ Präteritum	Konjunktiv II
1. Sg. von **sein**	ich bin	ich war	ich wäre
3. Sg. Neutr. von **fragen**	es fragt	es fragte	es **würde fragen**
2. Pl. von **haben**	ihr habt	ihr hattet	ihr hättet
1. Pl. von **machen**	wir machen	wir machten	wir **würden machen**
3. Sg. Fem. von **kriegen**	sie kriegt	sie kriegte	sie **würde kriegen**
3. Sg. Mask. von **lesen**	er liest	er las	er läse

5 a) Die Maus wird von der Katze gefangen.
- (X) Lea meint, die Maus werde von der Katze gefangen.
- ( ) Lea meint, die Maus würde von der Katze gefangen.

b) Es wird regnen.
- ( ) Alle meinen, es regne.
- (X) Alle meinen, es werde regnen.

c) Wir werden tanzen.
- (X) Sie sagt, wir würden tanzen.
- ( ) Sie sagt, wir werden getanzt haben.

d) Ihr werdet euch verstehen.
- (X) Mutter meint, ihr würdet euch verstehen.
- ( ) Mutter meint, ihr verstündet euch.

6

	du	ihr	Sie
lauter sprechen	Sprich lauter!	Sprecht lauter!	Sprechen Sie lauter!
den Tisch decken	Deck den Tisch!	Deckt den Tisch!	Decken Sie den Tisch!
die Anleitung lesen	Lies die Anleitung!	Lest die Anleitung!	Lesen Sie die Anleitung!
nach draußen gehen	Geh nach draußen!	Geht nach draußen!	Gehen Sie nach draußen!
auf mich warten	Warte auf mich!	Wartet auf mich!	Warten Sie auf mich!

Rechne wieder deine Punkte zusammen. Liegst du in einem Bereich immer noch unterhalb des kritischen Punktwertes, wiederhole diesen Bereich einfach noch einmal.

Bereich	Aufgabe	Gesamt-punktzahl	dein Punktwert	kritischer Punktwert	Wiederhole ab
Indikativ	**1**	5		4	Seite 18
Konjunktiv I	**2**	10		8	Seite 19
Konjunktiv I oder II	**3**	6		5	Seite 19
Konjunktiv II	**4**	18		15	Seite 21
Indirekte Rede	**5**	4		3	Seite 19
Imperativ	**6**	15		12	Seite 22

Diagnosetest Seite 26 – 28

Gib dir im Diagnosetest für jede richtige Antwort 1 Punkt.

1
a) ⓧ Das Festtagsmenü zu kochen, bereitete dem Koch keine Schwierigkeiten.

b) ◯ Martin versprach seiner Großmutter, dass er ihr morgen bei der Gartenarbeit helfen würde.
(Objektsatz im Akkusativ)

c) ◯ Um nichts zu vergessen, machte sich Steffi einen Knoten ins Taschentuch.
(Adverbialsatz als Infinitivsatz, Kausalsatz)

d) ◯ Der Vater erlaubt ihm, den Film zu Ende zu sehen. (Akkusativobjekt als Infinitivsatz)

e) ◯ Die Schreibtischlampe brennt noch, weil du sie nicht ausgeschaltet hast.
(Adverbialsatz = Kausalsatz)

f) ⓧ Es ist nicht sicher, ob die Schüler heute Hitzefrei bekommen werden.

g) ◯ Beeilt euch, damit ihr den Bus noch erwischt! (Adverbialsatz = Finalsatz)

h) ⓧ Dass Vanessa den Wettbewerb gewonnen hat, machte sie sehr stolz.

i) ◯ Felix muss seinem Trainer beweisen, dass er ein guter Fußballspieler ist.

2
a) Objektsatz im Akkusativ
b) Objektsatz im Genitiv
c) Objektsatz im Dativ
d) Objektsatz im Akkusativ
e) Objektsatz im Genitiv
f) Objektsatz im Genitiv

3

Subjektsatz			Objektsatz		
dass-Satz (Konjunktionalsatz)	indirekter Fragesatz	Infinitivsatz	*dass*-Satz (Konjunktionalsatz)	indirekter Fragesatz	Infinitivsatz
f, j	d	k	a, h	c, g, i	b, e

4
a) Wo der Weg zu Ende ist, steht eine alte Holzhütte.
   – lokal
b) Da er müde war, legte er sich ins Bett.
   – kausal
c) Sobald die Sommerferien anfangen, fahren viele Familien in den Urlaub.
   – temporal
d) Man pökelt Fische, damit sie nicht verderben.
   – final
e) Falls du heute Abend nicht mit ins Kino gehst, solltest du mir Bescheid geben.
   – konditional
f) Sie kaufte sich einen neuen Pullover, obwohl sie nach einer Bluse gesucht hatte.
   – konzessiv
g) Er hielt die Überraschung geheim, indem er das Geschenk versteckte.
   – modal
h) Die Katze ist verängstigt, sodass sie sich unter dem Sofa versteckt.
   – konsekutiv

Zähle deine Punkte zusammen und trage deinen Punktwert in die Tabelle ein. Wenn du unterhalb des kritischen Punktwertes liegst, kannst du in der letzten Spalte ablesen, auf welchen Seiten du Erklärungen und Übungen findest, die dir weiterhelfen.

Bereich	Aufgabe	Gesamtpunktzahl	dein Punktwert	kritischer Punktwert	Übe ab
Subjektsatz	1	3		2	Seite 29
Objektsatz	2	6		4	Seite 30
Subjekt- und Objektsätze (Konjunktionalsatz, indirekter Fragesatz, Infinitivsatz)	3	11		9	Seite 31
Adverbialsatz	4	8		6	Seite 32

Übungsteil ab Seite 29

1 Ben Hansemann

Es ist eine Tatsache, dass Fisch gesund ist. Aber muss man ihn deshalb fünf Tage die Woche in sämtlichen Variationen, ob geräuchert, gegrillt oder gekocht, auf dem Teller liegen haben? Manchmal kann ich Fisch weder sehen noch essen. An solchen Tagen habe ich schon Happen meiner Forelle, meines Lachses oder Herings an unsere Katze Stine verfüttert. Bald verschmähte sie die Fischstückchen aber auch und flüchtete beim Mittagessen in ihr Katzenkörbchen. Sie wartete dann, bis meine Mutter ihr eine Dose Katzenfutter servierte. Bis vor kurzem hat meine Mutter nicht gemerkt, dass mir Fisch allmählich zum Halse heraushängt. Nicht wirklich vorteilhaft ist hierbei, dass meine Eltern beide Fischer sind. Dass ich Fisch mögen muss, gehört bei uns zur Familientradition. Und darum ist es mir lange Zeit nicht gelungen, meine Mutter vom Gegenteil zu überzeugen. Doch irgendwann musste ich den ersten Schritt wagen. An einem Dienstagvormittag war meine Mutter beim Friseur. Ich beschloss, für meine Eltern zu kochen. Es gab Nudeln mit einer Kräuter-Tomatensoße. Als beide nach Hause kamen, überraschte ich sie mit diesem Essen. Sie waren begeistert und lassen mich seitdem häufiger kochen. Meine Mutter scheint auch meine eigentliche Botschaft verstanden zu haben. Ihr scheint es auch zu gefallen, plötzlich nicht mehr die Hauptverantwortliche für das Mittagessen zu sein. Sie ist von meinen Kochkünsten begeistert. Bis heute ist ihr jedoch nicht klar geworden, wie ich das Kochen gelernt habe.

2

a) **Wen** oder **was** bedauert Tim?	Objektsatz im Akkusativ
b) **Wessen** vergewissert sich Jens?	Objektsatz im Genitiv
c) **Wessen** schämte sich ihre Freundin?	Objektsatz im Genitiv
d) **Wem** schenke ich meine tolle neue Lupe?	Objektsatz im Dativ

3

a) Sein unordentliches Zimmer stört Pascal überhaupt nicht. Dass sein Zimmer unordentlich ist, stört Pascal überhaupt nicht.	Subjektsatz
b) Frau Schneider findet die Arbeitsweise von Lars gut. Frau Schneider findet gut, wie Lars arbeitet.	Objektsatz im Akkusativ
c) Kerstin weiß nichts von einer Einladung zur Geburtstagsfeier. Kerstin weiß nicht, ob sie zur Geburtstagsfeier eingeladen ist.	Objektsatz im Akkusativ
d) Stefans Hilfsbereitschaft erfreute seine Gasteltern. Dass Stefan hilfsbereit ist, erfreute seine Gasteltern.	Subjektsatz
e) Die farbliche Anpassung der Fische an ihre Umgebung fasziniert mich. Dass Fische sich an ihre Umgebung farblich anpassen, fasziniert mich.	Subjektsatz

4

a) Weil er die höchste Zahl gewürfelt hat, darf Dennis mit dem Würfelspiel beginnen. — Kausalsatz
b) Der Hund machte sich bemerkbar, indem er laut bellte. — Modalsatz
c) Benni konnte nicht mitspielen, da er sich den Fuß gebrochen hatte. — Kausalsatz
d) Alle schauten in die Richtung, aus der die seltsamen Geräusche kamen. — Lokalsatz
e) Lisa hatte so viel Sport getrieben, dass sie am Morgen einen Muskelkater hatte. — Konsekutivsatz
f) Obwohl sie schon sehr müde waren, liefen sie noch eine Stunde weiter. — Konzessivsatz
g) Als es dunkel wurde, machte die Gruppe eine Nachtwanderung durch den Wald. — Temporalsatz
h) Damit das Baby einschläft, müssen wir uns leise unterhalten. — Finalsatz

5

a)
a) Bens Pudding hat Klümpchen, obwohl das Pulver mit einem Schneebesen untergerührt wurde.
b) Damit Pflanzen wachsen können, benötigen sie Wasser und Licht.
c) Weil Franziska Zahnschmerzen hat, geht sie heute Morgen zum Zahnarzt.
d) Man kann Strom sparen, indem man Energiesparlampen verwendet.
e) Wenn es schneit, können wir einen Schneemann im Garten bauen.
f) Lars hat so viel gegessen, dass ihm sein Bauch wehtut.

b)

a)	obwohl	Konzessivsatz
b)	Damit	Finalsatz
c)	Weil	Kausalsatz
d)	indem	Modalsatz
e)	Wenn	Konditionalsatz
f)	dass	Konsekutivsatz

Abschlusstest Seite 35–36

Gib dir im Abschlusstest für jede richtige Antwort 1 Punkt.

1
a) Wer verletzt ist, muss auf der Ersatzbank sitzen.
b) Dass der Klimawandel Folgen hat, ist heute jedem bekannt.
c) Dass er die Prüfung besteht, ist für Dennis sehr wichtig.
d) Was teuer ist, muss nicht unbedingt das Beste sein.
e) Ob sie am Turnier teilnimmt, ist noch ungewiss.

2
a) (X) Durch Umfragen wollten wir herausfinden, ob die Behauptung stimmt.
Objektsatz
b) ◯ Wer zu spät kommt, muss die Suppe kalt essen.
Subjektsatz
c) (X) Ich weiß nicht genau, ob ihre Lieblingsfarbe rot oder orange ist.
Objektsatz
d) (X) Viktor hat angegeben, dass er um diese Uhrzeit an der Bushaltestelle war.
Objektsatz
e) ◯ Marie strengte sich an, sodass sie das Wettrennen gewinnen konnte.
Adverbialsatz
f) ◯ Dass wir uns versteckt hatten, war keine gute Idee.
Subjektsatz
g) ◯ Die vielen Wildtiere zu sehen, wird für die Reisenden sehr spannend werden.
Subjektsatz
h) ◯ Andreas muss viel nachholen, weil er lange gefehlt hat.
Adverbialsatz (kausal)

3
a) Dass Lisa für die Feier etwas mitbringt, ist selbstverständlich.
Subjektsatz / Konjunktionalsatz
b) Wir erwarten, viele Stars in diesem Restaurant zu treffen.
Objektsatz / Infinitivsatz
c) Die Polizei muss noch nachweisen, ob die Frau die Diebin ist.
Objektsatz / indirekter Fragesatz
d) Die Überraschungsfeier geheim zu halten, wird nicht einfach werden.
Subjektsatz / Infinitivsatz
e) Svenja schlägt im Kalender nach, wann die Ferien beginnen.
Objektsatz / indirekter Fragesatz

4 **a)** a) Jan entschuldigte sich bei seiner Mutter, indem er ihr einen Kuchen backte. — Modalsatz
b) Als die Schauspieler die Bühne betraten, wurden sie mit großem Beifall begrüßt. — Temporalsatz
c) Vor dem Sonnenbad musst du dich eincremen, damit du dich nicht verbrennst. — Finalsatz
d) Sie trug einen Wollschal, weil sie starke Halsschmerzen hatte. — Kausalsatz
e) Sie schlich sich aus dem Saal, ohne dass es jemand merkte. — Modalsatz
f) Der Wind war so kalt, dass Felix eine Gänsehaut bekam. — Konsekutivsatz
g) Obwohl Peter oft an den Matheaufgaben verzweifelte, gab er nicht auf und lernte weiter. — Konzessivsatz
h) Wir treffen uns heute Mittag dort, wo die alte Eiche steht. — Lokalsatz
i) Falls es schneit, fahren wir in die Berge zum Skilaufen. — Konditionalsatz

b) a) indem, b) Als, c) damit, d) weil, e) ohne dass, f) dass, g) Obwohl, h) wo, i) Falls

Rechne wieder deine Punkte zusammen. Liegst du in einem Bereich immer noch unterhalb des kritischen Punktwertes, wiederhole diesen Bereich einfach noch einmal.

Bereich	Aufgabe	Gesamtpunktzahl	dein Punktwert	kritischer Punktwert	Wiederhole ab
Subjektsatz	**1**	5		3	Seite 29
Objektsatz	**2**	3		2	Seite 30
Subjekt- und Objektsätze (Konjunktionalsätze, indirekter Fragesätze, Infinitivsätze)	**3**	10		8	Seite 31
Adverbialsatz	**4 a**	9		15	Seite 32
	4 b	9			

Diagnosetest Seite 38 – 39

Gib dir im Diagnosetest für jede richtige Antwort 1 Punkt.

1

a) 1922 bekam Albert Einstein, ein berühmter Wissenschaftler, den Nobelpreis für Physik.
(Kommas bei **Apposition**)

b) Amelie, sie wird morgen an einem Segelkurs teilnehmen, packt ihre Wind- und Wetterjacke ein.
(Kommas bei **Parenthese**)

c) Timo, der Freund meiner großen Schwester, ist sehr stolz auf seinen neuen Motorroller.
(Kommas bei **Apposition**)

d) Wir wollen uns heute Nachmittag treffen, und zwar um 16.00 Uhr.
(Komma vor **nachgestellter Erläuterung**)

e) Die Waldstraße, eine kleine Straße am Ortsrand, wird neu geteert.
(Kommas bei **Apposition**)

f) Nina interessiert sich sehr für Sport, vor allem für Leichtathletik.
(Komma vor **nachgestellter Erläuterung**)

g) In Bio, Lisas Lieblingsfach, ist sie die Beste.
(Kommas bei **Apposition**)

h) Unserem Nachbar, er hat schon einen Dackel namens Waldi, ist gestern ein Welpe zugelaufen.
(Kommas bei **Parenthese**)

2

Unsere Mutter, in ihren blauen Morgenmantel gehüllt, kochte Kaffee und bereitete Pfannkuchen zu, während wir den Frühstückstisch deckten. Vater, seine Umgebung kaum wahrnehmend, las in der Zeitung. Plötzlich wurde die morgendliche Ruhe gestört. Mutter, aus vollem Halse lachend, blickte zur Zimmerdecke. Dort klebte der Pfannkuchen, den sie durch einen Wurf in der Pfanne hatte drehen wollen. Sie stieg die Küchenleiter hinauf und entfernte den Pfannkuchen. Immer noch kichernd, beschloss sie, uns nun Toast mit Marmelade zu servieren. Satt und froh konnten wir schließlich zum Schulbus laufen und unsere Eltern zur Arbeit fahren.

3
a) Antonia nimmt sich vor, morgen für ihre Geburtstagsfeier einzukaufen.
b) Ohne zu zögern, lief der Detektiv dem Ladendieb hinterher.
c) Es ist nicht einfach, mit fünf Bällen zu jonglieren.
d) Anstatt vor dem Computer zu sitzen, sollten wir lieber das schöne Sommerwetter genießen.
e) Mein Vater nahm den Zug, um pünktlich am Flughafen zu sein.
f) Wir freuen uns darauf, am Abend im Garten zu zelten.
g) Markus hat heute keine Zeit, sich mit seinen Freunden zu treffen.
h) Sie schaltete das Handy ein, um ihrer Freundin eine SMS zu schicken.
i) Bei Wind und Wetter den Strand entlang zu wandern, das gefiel uns gar nicht.

Zähle deine Punkte zusammen und trage deinen Punktwert in die Tabelle ein. Wenn du unterhalb des kritischen Punktwertes liegst, kannst du in der letzten Spalte ablesen, auf welchen Seiten du Erklärungen und Übungen findest, die dir weiterhelfen.

Bereich	Aufgabe	Gesamt-punktzahl	dein Punktwert	kritischer Punktwert	Übe ab
Apposition, Parenthese, nachträgliche Erläuterungen	1	8		6	Seite 40
Partizipgruppen	2	4		2	Seite 41
Infinitivgruppen	3	9		7	Seite 42

Übungsteil ab Seite 40

1 *A = Apposition, P = Parenthese, NE = nachgestellte Erläuterung*

	A	P	NE
a) Gestern Abend, ein Gewitter zog gerade auf, wartete Melanie am Bahnhof auf ihre Eltern.	○	ⓧ	○
b) Theresa, die Gewinnerin des Reitturniers, freute sich sehr über den gewonnenen Kinogutschein.	ⓧ	○	○
c) Wir wollen am Samstag etwas ganz Besonderes unternehmen, nämlich tanzen gehen.	○	○	ⓧ
d) Nico, er wohnt in Mainz, zieht für ein Jahr zu seiner Tante Jackie nach Australien.	○	ⓧ	○
e) Der Freizeitpark bietet viele Attraktionen, unter anderem eine Achterbahn.	○	○	ⓧ
f) Er, der ältere Herr mit dem schwarzen Hut, hat seinen Schirm hier vergessen.	ⓧ	○	○
g) Goethe, einer der bekanntesten deutschen Dichter, schrieb das Gedicht „Der Totentanz".	ⓧ	○	○

2
a) Marius, bei dieser Hitze schwitzend, nimmt eine Abkühlung im Badesee.
b) Das Mädchen, ein Lied summend, kauft sich ein großes Erdbeereis.
c) Die Kinder, vor dem hohen Zaun stehend, reckten ihre Hälse in die Höhe.
d) Die Frau, vor Aufregung geschockt, sagte kein Wort.

3 **a)**
a) Die musikalische Annette träumt davon, als Sängerin berühmt zu werden.
b) Rebecca ging zu Fuß, anstatt mit der Straßenbahn zu fahren.
c) Frederik schrieb im Test eine Zwei, ohne geübt zu haben.
d) Tina nahm eine Abkürzung, um schneller an der Eisdiele zu sein.
e) Michelle liebt es, im Meer zu tauchen.
f) Die Reporter standen bereit, um die berühmten Personen zu interviewen.

b) a) davon, b) anstatt, c) ohne, d) um, e) es, f) um

Abschlusstest Seite 43 – 44

Gib dir im Abschlusstest für jede richtige Antwort 1 Punkt.

1 **Für jede richtige Markierung erhältst du 1 Punkt. Gib dir zusätzlich jeweils 1 Punkt, wenn du die markierten Satzteile richtig durch Kommas abgetrennt hast.**
Appositionen = blau, Parenthese = rot, nachgestellte Erläuterungen = grün

Sue, **ein Mädchen aus dem Zirkus,** kam für drei Wochen in unsere Klasse. Bereits am ersten Tag fragten sie einige von uns, ob sie denn selbst auch im Zirkus auftreten würde. Sue erklärte, dass sie schon im Alter von sechs Jahren mit der Akrobatik angefangen habe, **insbesondere am Trapez**. Ihre Tante, **eine gute Hochseilartistin,** würde dreimal die Woche mit ihr für die Vorstellungen üben. Die Auftritte, **sie sind immer sehr anstrengend und benötigen viel Vorbereitungszeit,** machen Sue Spaß. Dennoch möchte sie später einen anderen Beruf ausüben, **nämlich Krankenschwester**.
Noch am gleichen Tag lud uns Sue zu einer Zirkusvorstellung ein. Alle freuten sich darüber, **vor allem Kevin**. Er schien Sue besonders nett zu finden. Seine Wangen, **sie färbten sich in ihrer Anwesenheit dunkelrot,** ließen dies zumindest erahnen. Doch Kevin, **ein besonders schüchterner Junge,** stritt es ab. Allerdings erlebte er nach der Vorstellung eine schöne Überraschung: Kevin bekam von Sue ein Geschenk, **und zwar ein Lebkuchenherz**. Und zwischen Sue und Kevin entstand eine tolle Freundschaft.

2 a) Gespannt und aufgeregt [,] wickelte Tim die Geburtstagsgeschenke aus.
b) Verblüfft und überrascht, so standen wir vor Vera und betrachteten ihr Karnelvalskostüm.
c) Sie lief, von ihren Freunden und Bekannten angefeuert, ihre Bestzeit.
d) Dann, endlich in Spanien gelandet, fuhren wir mit dem Taxi zum Hotel.
e) Der Clown, längst angekleidet und geschminkt, wartet ungeduldig auf seinen Auftritt.
f) Florian, zunächst noch zögernd, wagte sich schließlich doch den Burgturm hinauf.
g) Begeistert von dem grandiosen Auftritt [,] warfen einige Zuschauer sogar Blumen auf die Bühne.
h) Christina, gespannt auf das Ende der Radiogeschichte, rückte näher an den Lautsprecher.
i) Unsere Katze, geduldig abwartend, erwischte die Maus schließlich doch noch.
j) Am Abend schliefen wir, von der langen Wanderung erschöpft, ganz schnell ein.

3 a) + b)

a) Florians Wunsch ist es, einmal einen Koalabären zu streicheln.
b) Den Vorwurf, ein Spielverderber zu sein, wollte er nicht auf sich sitzen lassen.
c) Lisa dachte nicht daran, sich auf solch ein Abenteuer einzulassen.
d) Ohne noch länger zu zögern, drehte sich Maja um.
e) Darauf, sich für die Feier verkleiden zu müssen, freute sich Melissa schon sehr.

Rechne wieder deine Punkte zusammen. Liegst du in einem Bereich immer noch unterhalb des kritischen Punktwertes, wiederhole diesen Bereich einfach noch einmal.

Bereich	Aufgabe	Gesamt-punktzahl	dein Punktwert	kritischer Punktwert	Wiederhole ab
Appositionen, Parenthesen, nachträgliche Erläuterungen	1	18		15	Seite 40
Partizipgruppen	2	10		7	Seite 41
Infinitivgruppen	3 a	5		6	Seite 42
	3 b	5			

Diagnosetest Seite 46 – 48

Gib dir im Diagnosetest für jede richtige Antwort 1 Punkt.

1

a) (X) Zweiter Weltkrieg
( ) zweiter Weltkrieg

b) (X) das olympische Feuer
( ) das Olympische Feuer

c) ( ) Karl der große
(X) Karl der Große

d) (X) der Deutsche Schäferhund
( ) der deutsche Schäferhund

e) ( ) der schiefe Turm von Pisa
(X) der Schiefe Turm von Pisa

f) ( ) der große Bär am Himmel
(X) der Große Bär am Himmel

g) ( ) die schwarze Witwe
(X) die Schwarze Witwe

h) (X) das neue Jahr
( ) das Neue Jahr

2

Münchener Weißwurst	**S**chweizer Käse	**M**eißner Porzellan	**B**erliner Luft
italienischer Salat	**B**randenburger Tor	**W**estfälischer Friede	**S**chwäbische Alb
Bonner Politik	**K**ölner Dom	**T**hüringer Bratwurst	

3

a) Mit seiner Antwort hat der Kandidat ins **Schwarze** getroffen.
An Fasching hatte Leonie ihre Fingernägel **schwarz** lackiert.
b) Brokkoli ist ein Gemüse, das immer **grün** ist.
Rebecca mag **Grün** sehr.
c) Zu den Weltsprachen gehört auch **Russisch**.
Borschtsch ist ein **russischer** Eintopf.
d) Für seine Italienreise packte er sein **italienisches** Wörterbuch in den Koffer.
Das Buch ist ins **Italienische** übersetzt worden.
e) Die Frau kaufte sich einen Lippenstift in **Rot.**
Ein **rotes** Auto stand gestern auf diesem Parkplatz.
f) Sein **Französisch** wird immer besser.
In Paris werden sie nur **französisch** miteinander sprechen.

4

a) Damit die Kinder nicht gesehen wurden, mussten sie auf allen **Vieren** kriechen.
b) Er aß ein **Viertel** des Kuchens ganz alleine.
c) Laura rechnete aus, dass **zwei** mal **zwei vier** ist.
d) Jeder **Dritte** in der Umfrage wollte die Frage nicht beantworten.
e) Schneewittchen lebte bei den **sieben** Zwergen.
f) Wir fahren bis zur U-Bahnstation **drei**.
g) Nach den Ferien kommt Marc in die **achte** Klasse.
h) Sie wohnen in dem Haus mit der Nummer **fünf**.
i) Eigentlich hatte sich Ben vorgenommen, beim Wettkampf mindestens **Fünfter** zu werden.
j) Ein **Drittel** der Kinder stimmte für den Ausflug in den Tierpark.

5
a) In der Eisdiele ist bei diesen Sommertemperaturen einiges los.
b) Die Ärzte haben alles versucht, der Patientin zu helfen.
c) Für den Ausflug ins Museum haben sich nur wenige angemeldet.
d) Für sein Referat kann er vieles im Internet nachlesen.
e) Im Fußballlager hatten die Jungen auch viel Freizeit zur Verfügung.
f) Die Schauspielerin hat das gewisse Etwas.

Zähle deine Punkte zusammen und trage deinen Punktwert in die Tabelle ein. Wenn du unterhalb des kritischen Punktwertes liegst, kannst du in der letzten Spalte ablesen, auf welchen Seiten du Erklärungen und Übungen findest, die dir weiterhelfen.

Bereich	Aufgabe	Gesamt-punktzahl	dein Punktwert	kritischer Punktwert	Übe ab
Eigennamen und feststehende Begriffe	1	8	8	6	Seite 49
Herkunfts- und Ortsbezeichnungen	2	11	10	9	Seite 50
Farb- und Sprachbezeichnungen	3	12	5	10	Seite 51
Zahlwörter	4	12	11	10	Seite 52
Unbestimmte Zahlwörter	5	6	4	4	Seite 53

Übungsteil ab Seite 49

1 a) **R**oter **P**lanet, b) **K**önigliche **H**oheit, c) **S**chwarze **W**itwe, d) **C**hinesische **M**auer, e) das **W**eiße **H**aus, f) **B**ürgerliches **G**esetzbuch, g) **W**ilder **W**esten, h) **K**anarische **I**nseln, i) **N**eues **T**estament

2 a) den **A**tlantisch**en** Ozean, b) der **h**olländ**ischen** Grenze, c) Lübeck**er** Marzipan, d) der **F**rankfurt**er** Flughafen / der **d**eutsche Flughafen, e) der **k**athol**ischen** Kirche, f) **b**elg**ische** Pralinen, g) **a**meri-kan**ische** Staatsbürgerschaft, h) **M**ainz**er** Dom, i) **u**ngar**isches** Gulasch, j) den **W**estfälisch**en** Frieden

3
a) Morgen haben wir in der ersten Stunde **F**ranzösisch.
b) Heute trägt er ein **g**raues Hemd.
c) Das Haus steht etwas abgelegen im **G**rünen.
d) Das **W**eiß an den Wänden gefällt mir gut.
e) An vielen Schulen wird **R**ussisch als dritte Fremdsprache angeboten.
f) Meine **s**panische Aussprache ist besser geworden.
g) Mit **F**ranzösisch kann ich mich zum Beispiel in Tunesien verständigen.
h) Er spricht kein **D**eutsch.
i) Das **R**ot ihrer Wangen war nicht zu übersehen.
j) Vor Aufregung war sie im Gesicht ganz **w**eiß.
k) Er sang seiner Freundin ein Lied auf **E**nglisch vor.

4
a) (G) Wir **z**wei sind ein unschlagbares Team.
b) (G) Mit **a**chtzehn wird man volljährig.
c) (G) Anne kann schon bis **s**echzig zählen.
d) (O) Die **L**etzten werden die **E**rsten sein.
e) (B) Die Wandergruppe ist schon ein **D**rittel des Weges gelaufen.
f) (O) Der **N**ächste bitte!
g) (O) Gestern war Freitag, der **D**reizehnte.
h) (O) Er kam als **Z**ehnter ins Ziel.
i) (O) Sie startete als **v**ierte Teilnehmerin ins Rennen.
j) (G) Meine Glückszahl ist die **F**ünf.

5
a) (X) Auf dem Rummelplatz war am Wochenende **einiges** los.
( ) Auf dem Rummelplatz war am Wochenende Einiges los.
b) (X) Die einen wollen länger schlafen, **andere** sind Frühaufsteher.
( ) Die einen wollen länger schlafen, Andere sind Frühaufsteher.
c) ( ) Ich frage mich, was das Alles soll.
(X) Ich frage mich, was das **alles** soll.
d) (X) Nicht **jeder** wollte an dem Sackhüpfen teilnehmen.
( ) Nicht Jeder wollte an dem Sackhüpfen teilnehmen.
e) ( ) An diesem Tag kam wirklich Vieles zusammen.
(X) An diesem Tag kam wirklich **vieles** zusammen.
f) (X) Nur **wenige** kennen die ganze Geschichte.
( ) Nur Wenige kennen die ganze Geschichte.
g) ( ) Ich finde, dass Beide gut auf ihre kleine Schwester aufgepasst haben.
(X) Ich finde, dass **beide** gut auf ihre kleine Schwester aufgepasst haben.

Abschlusstest Seite 54 – 56

Gib dir im Abschlusstest für jede richtige Antwort 1 Punkt.

1
a) die **C**hinesische Mauer
b) das **T**ote Meer
c) der **P**ersische Golf
d) der **h**olländische Käse
e) der **g**riechische Salat
f) der **K**ölner Karneval
g) der **i**talienische Wein
h) die **N**ürnberger Lebkuchen
i) die **O**stfriesischen Inseln
j) das **e**nglische Forschungsteam
k) der **W**ilde Westen
l) der **H**amburger Hafen
m) die **f**ranzösische Grenze
n) die **K**aribischen Inseln
o) das **W**iener Schnitzel

2
Mein Onkel Fritz gibt meinem Freund Tim und mir manchmal Nachhilfe in **Englisch**. Er ist mit der **englischen** Sprache aufgewachsen, da seine Mutter Engländerin war. Er kommt immer viel zu spät in seinem **schwarzen** Auto angebraust. Heute hat er das gleiche T-Shirt von letzter Woche an, nur nicht in **Blau**, sondern in einem schicken **Türkis**. Onkel Fritz hat sich für die heutige Stunde etwas Tolles überlegt. Er fährt mit uns ins **Grüne**. In der Schule und auch in den Nachhilfestunden versucht Onkel Fritz, hauptsächlich **englisch** mit uns zu sprechen. Aber er lässt sich auch gerne zu Späßen überreden. Besonders mag Onkel Fritz das Erzählen von Witzen auf **Hessisch** oder das Vortragen von Gedichten, natürlich in **hessischem** Dialekt. Wenn das meine Mutter wüsste, dann würde sie für meine Englischnote gleich **schwarz** sehen. Aber sie braucht keine Bedenken zu haben, meist lernen wir wieder schnell weiter, da Tim und ich Schwierigkeiten haben, Onkel Fritz zu verstehen. Außerdem wollen wir ja das **Englische** lernen. Denn in den Englischarbeiten hilft es uns nichts, wenn wir ein Wort auf **Hessisch** schreiben können.

3

Zahlwörter	Kleinschreibung	Großschreibung
Grundzahlen	h) vier, i) fünf bis zehn	b) Dreien, g) Millionen, j) Eins, o) Fünfer
Ordnungszahlen	e) zweiten, q) letzten	a) Erste, d) Ersten, f) Vierte, l) Vorletzter
Unbestimmte Zahlwörter	c) vieles, k) wenig, m) zahllosen, n) anderen, p) alles	p) Einzelne

*Rechne wieder deine Punkte zusammen.
Liegst du in einem Bereich immer noch unterhalb des kritischen Punktwertes, wiederhole diesen Bereich einfach noch einmal.*

Bereich	Aufgabe	Gesamt-punktzahl	dein Punktwert	kritischer Punktwert	Wiederhole ab
Eigennamen und feststehende Begriffe, Herkunfts- und Ortsbezeichnungen	1	15		12	Seite 49
Farb- und Sprachbezeichnungen	2	12		10	Seite 51
Zahlwörter, unbestimmte Zahlwörter	3	18		16	Seite 52

Diagnosetest Seite 58 – 62

Gib dir im Diagnosetest für jede richtige Antwort 1 Punkt.

1
b) Kindheit: Kind-heit
c) Dusche: Du-sche
d) Vogel: Vo-gel
e) Reise: Rei-se
f) freuen: freu-en
g) flüstern: flüs-tern
h) meistens: meis-tens
i) Flasche: Fla-sche
j) Mauer: Mau-er
k) nähen: nä-hen
l) Tischbein: Tisch-bein

2 1) lesen üben, 2) einkaufen gehen, 3) laufen lernen, 4) übrig lassen, 5) essen gehen, 6) Schlange stehen müssen, 7) leise sprechen, 8) schreiben lernen, 9) laut stellen, 10) Auto fahren, 11) baden gehen, 12) kürzer treten, 13) schätzen lernen, 14) rot anstreichen, 15) frisch halten, 16) warm anziehen, 17) kleiner schneiden, 18) Ski laufen, 19) Kuchen backen

3
a) Die Aufgabe sollte euch aus dem Unterricht **bekannt sein**.
b) Wie kannst du dir bei dieser Sache so **sicher sein**?
c) Wir waren nach der langen Wanderung **gar nicht** müde.
d) Ich habe heute **gar keinen** Hunger auf Spinat mit Kartoffeln.
e) Könnt ihr bitte **leise sein**!
f) Meine Turnschuhe dürften nach diesem Lauf **hinüber sein**.
g) Das macht doch **gar nichts**.

4 **Gib dir für jede richtig gelöste Teilaufgabe 1 Punkt.**

a) ◯ rasendwerden
   ⓧ rasend werden

b) ⓧ gelbgefärbt
   ⓧ gelb gefärbt

c) ⓧ gestochen scharf
   ◯ gestochenscharf

d) ⓧ hilfesuchend
   ⓧ Hilfe suchend

e) ◯ geliehenbekommen
   ⓧ geliehen bekommen

f) ⓧ gerammelt voll
   ◯ gerammeltvoll

g) ⓧ gefangen halten
   ◯ gefangenhalten

h) ⓧ bunt gefiedert
   ⓧ buntgefiedert

5 1) Hausaufgaben **zu machen**, 2) das Klavier **zu stimmen**, 3) teilnehmen **zu lassen**, 4) die Augen **zu schließen**

6
a) a) felsenfest, b) Bilderrahmen, c) irreleiten, d) lebensfremd, e) teilhaben, f) schlafwandeln, g) kinderreich, h) heimfahren, i) meterhoch, j) Gartenzaun, k) todesmutig

b)
- Nomen + Nomen: b) Bilder**rahmen**, j) Garten**zaun**
- Nomen + Verb: c) irre**leiten**, e) teil**haben**, f) schlaf**wandeln**, h) heim**fahren**
- Nomen + Adjektiv: a) felsen**fest**, d) lebens**fremd**, g) kinder**reich**, i) meter**hoch**, k) todes**mutig**

7
a) Rebecca ist im Gegensatz zu ihren Freundinnen sehr schlagfertig.
b) Er hat das Buch schon mehr mals gelesen. **mehrmals**
c) Der Journalist hat Brand neue Informationen. **brandneue**
d) Seit der neuen Tiersendung ist Lea richtig Fernseh süchtig. **fernsehsüchtig**
e) Die Sängerin hatte eine wunderschöne Stimme.

8

Trennbare Verben	Untrennbare Verben
weglaufen	vollenden
hinzukommen	weissagen
aufgehen	zerschneiden
einladen	überreden
umwerfen	beherrschen

Zähle deine Punkte zusammen und trage deinen Punktwert in die Tabelle ein. Wenn du unterhalb des kritischen Punktwertes liegst, kannst du in der letzten Spalte ablesen, auf welchen Seiten du Erklärungen und Übungen findest, die dir weiterhelfen.

Bereich	Aufgabe	Gesamtpunktzahl	dein Punktwert	kritischer Punktwert	Übe ab
Wörter trennen	1	11	11	9	Seite 63
Verbindungen aus Nomen / Verb / Adjektiv + Verb	2	19	10	17	Seite 64
Wortgruppen mit sein, gar kein, gar nicht	3	7		5	Seite 66
Verbindungen mit Partizip	4	10		6	Seite 67
Verb im Infinitiv	5	4		3	Seite 67
Verbindungen aus Nomen + Nomen / Verb / Adjektiv	6a	11	8 +	18	Seite 69
	6b	11	11		
Besondere Verbindungen	7	3	3	2	Seite 70
Trennbare und untrennbare Verben	8	10		8	Seite 66 Seite 70

Übungsteil ab Seite 63

1

a) Naturkatastrophe: Erd-be-ben
b) Kinderkrankheit: Ma-sern
c) Kleidungsstück für Füße: So-cke
d) Nuss: Ha-sel-nuss
e) leise sprechen: flüs-tern
f) Sportler: Ath-let
g) Blume: Son-nen-blu-me
h) Bedienung im Restaurant: Kell-ner
i) kleines Huhn: Kü-cken
j) jdm. etwas für Geld geben: ver-kau-fen
k) Landwirt: Bau-er
l) Bohnen gehören zum: Ge-mü-se

2

Nomen und Verb: beim Kuchenbacken, Schlange stehen
Verb und Verb: spazieren gehen, schätzen lernen
Adjektiv und Verb: freundlich lachen, sauber machen (auch: saubermachen), festnageln, sichergehen (auch: sicher gehen), höher springen

3

a) Du musst beim **Schlittschuhlaufen** auf das Eis achten.
b) Auf der Wiese kann man viele **Blumen pflücken**.
c) Das ewige **Schlangestehen** an der Supermarktkasse ist anstrengend.
d) Tim freute sich auf das **Skateboardfahren** mit seinen Freunden.
e) Regelmäßig ging Marie **Tennis spielen**.
f) Marc wird seine Geburtstagseinladungen mit dem **Computer schreiben**.

4

Verb im Infinitiv	Verb im Präsens	Verb im Perfekt	trennbar
durchqueren	sie durchquert	sie hat durchquert	nein
aufwecken	sie weckt auf	sie hat aufgeweckt	ja
zubereiten	sie bereitet zu	sie hat zubereitet	ja
vollenden	sie vollendet	sie hat vollendet	nein
aufgeben	sie gibt auf	sie hat aufgegeben	ja
ablehnen	sie lehnt ab	sie hat abgelehnt	ja

5

a) Nach der langen Autofahrt wird Sandra ziemlich **müde sein**.
b) Vor ihrem ersten Auftritt im Schultheater wird Luisa **aufgeregt sein**.
c) Mein Vater wird **dagegen sein**, dass ich heute länger aufbleiben möchte.
d) Jeder sollte mit dem, was er hat, **zufrieden sein**.

6

a) Der Bürgermeister freute sich, seine Rede **zu halten**.
b) Sandra sollte sich die Augen **zuhalten**.
c) Ich werde den Brief **zukleben**.
d) Sie hatten noch jede Menge Plakate **zu kleben**.
e) Die Straßenarbeiter haben den Auftrag, die Straße **zu sperren**.

f) Er muss den Geräteschuppen **zusperren**.
g) Max versuchte Lea die Angst vor Spinnen **zu nehmen**.
h) Durch fettiges und süßes Essen kann man leicht **zunehmen**.
i) Sie musste ihren Fehler **zugeben**.
j) Er hatte keine Bedenken, ihm seine Autoschlüssel **zu geben**.

7 **Partizip + Verb**: geliehen bekommen, rasend werden, verloren gehen, getrennt schreiben
Partizip + Adjektiv: strahlend weiß, betörend schön
Nomen + Partizip: Fleisch fressend (fleischfressend), Feuer speiend (feuerspeiend), Hilfe suchend (hilfesuchend)
Adjektiv + Partizip: schlecht gelaunt (schlechtgelaunt), weit verbreitet (weitverbreitet), ernst gemeint (ernstgemeint)

8

a) Überholspur	**Spur** (Verb+ Nomen)	h) Frischfleisch	**Fleisch** (Adjektiv + Nomen)
b) Wartezimmer	**Zimmer** (Verb + Nomen)	i) Schreibtisch	**Tisch** (Verb + Nomen)
c) Kleinkind	**Kind** (Adjektiv + Nomen)	j) mausetot	**Maus** (Nomen + Adjektiv)
d) wasserdicht	**Wasser** (Nomen + Adjektiv)	k) sonnenbaden	**Sonne** (Nomen + Verb)
e) schlafwandeln	**Schlaf** (Nomen + Verb)	l) herzensgut	**Herz** (Nomen + Adjektiv)
f) teilhaben	**Teil** (Nomen + Verb)	m) standhalten	**Stand** (Nomen + Verb)
g) kopfrechnen	**Kopf** (Nomen + Verb)	n) preisgeben	**Preis** (Nomen + Verb)

9

vergleichen	zerstören
gelingen	zergehen
versuchen	verschwinden
entwickeln	gefallen
misstrauen	erkennen
erlauben	zerschneiden
bezahlen	hintergehen

10 a) Für mein Brötchen muss die Butter **streichzart** sein.
b) Das Publikum klatschte nur **halbherzig** Beifall.
c) Morgens ist Julian selten **hellwach**.
d) Unser Katzenbaby ist sehr **pflegeleicht**.
e) Der Millionär zeigte sich dem Publikum von seiner **großspurigen** Art.

Abschlusstest Seite 71 – 72

Gib dir im Abschlusstest für jede richtige Antwort 1 Punkt.

1

1) ges-tern
2) mei-ner
3) Freun-din
4) ver-ab-re-det
5) ha-ben
6) Eis-bech-er
7) Sah-ne
8) be-stellt
9) Stadt-park
10) ge-lau-fen
11) En-ten
12) fah-ren
13) Stun-de
14) ge-müt-lich
15) spiel-ten
16) Run-de
17) Lei-der
18) Markt-platz
19) Schau-fens-ter
20) Spiel-zeug-la-dens

2

a) Wir würden das bestehende Problem folgendermaßen **handhaben**.
b) Das **Autofahren** macht mir sehr viel Spaß.
c) Auf diesem See musste schon ein Flugzeug **notlanden**.
d) Der Polizist **schlussfolgerte**, dass der Mann in die Wohnung eingebrochen ist.
e) Ein Politiker muss bei seinen Wählern **Gehör finden**.
f) Sie wollten nach dieser Enttäuschung **heimfahren**.
g) Ein Busfahrer muss nach ein paar Stunden Autofahrt **Rast machen**.

3

a) krankschreiben
b) kleiner schneiden
c) sicherstellen
d) besser gehen
e) frohlocken
f) vollbringen

4

a) **trennbare Verben:** umwerfen, zubereiten, einladen
untrennbare Verben: zerschneiden, überqueren, bestellen

b) a) Melanie zerschneidet im Kunstunterricht das Blatt.
b) Melanie überquert den See in einem Kanu.
c) Melanie wirft vor Schreck die Vase ihrer Mutter um.
d) Melanie bestellt nach der Schule das Buch für den Deutschunterricht.
e) Melanie bereitet das Abendessen für die ganze Familie zu.
f) Melanie lädt einige Schulfreunde zum Grillen ein.

5 a) ◯ Die Musik der Rockgruppe war von allen Seiten des Saals gut zu hören.
b) ◯ Sie hat strahlend weiße Zähne.
c) ⓧ Aileen versuchte eine schwere Kiste in den zweiten Stock ~~zutragen~~. **zu tragen**.
d) ◯ Du musst den Wasserhahn schnell zudrehen.
e) ⓧ Er wurde von den Polizisten ~~gefangengenommen~~. **gefangen genommen**.
f) ⓧ Ein Maler wollte die Löcher in der Wand ~~zu streichen~~. **zustreichen**.
g) ◯ Der kleine Welpe versuchte zum ersten Mal, laut zu bellen.
h) ⓧ Beim Hummer muss der Kopf durch eine Drehbewegung vom Tierkörper ~~getrenntwerden~~. **getrennt werden**.
i) ⓧ Gestern war es überall im Haus ~~drückendheiß~~. **drückend heiß**.

Rechne wieder deine Punkte zusammen. Liegst du in einem Bereich immer noch unterhalb des kritischen Punktwertes, wiederhole diesen Bereich einfach noch einmal.

Bereich	Aufgabe	Gesamtpunktzahl	dein Punktwert	kritischer Punktwert	Wiederhole ab
Wörter trennen	1	20		18	Seite 63
Getrennt- und Zusammenschreibung von Nomen und Verb	2	7		5	Seite 64 Seite 69
Getrennt- und Zusammenschreibung von Adjektiv und Verb	3	6		5	Seite 64
Trennbare und untrennbare Verben	4 a	6		10	Seite 66 Seite 70
	4 b	6			
Verb im Infinitiv, Verbindungen mit Partizip	5	5		4	Seite 67

Diagnosetest Seite 74 – 79

Gib dir im Diagnosetest für jede richtige Antwort 1 Punkt.

1 **A Reportage** (Merkmale: anschaulich, lebendige Beschreibung / Ich-Perspektive / Gefühle und Einzelheiten werden genannt)

B Nachricht (Merkmale: wesentliche Information, knapp und ohne genaue Hintergründe wiedergegeben)

C Bericht (Merkmale: Hintergründe, Absichten und Ziele werden genannt)

2 Zutreffende Aussagen:
a) Eine Ballade bezeichnet man auch als Erzählgedicht.
b) Regieanweisungen können wie in einem Theaterstück auch in einer Ballade vorkommen.
c) In einer Ballade sind epische, lyrische und dramatische Merkmale vorhanden.
g) Die Ballade enthält einen Spannungsbogen, der zu einem Höhepunkt führt.

3 Daktylus x́ x x — Anapäst x x x́
Trochäus x́ x — Jambus x x́

4 **b)** Das Gedicht hat drei Strophen.

c) Reimwörter und Reimschema:

Stäbe	a	Schritte	a	Pupille	a
hält	b	dreht	b	hinein	b
gäbe	a	Mitte	a	Stille	a
Welt	b	steht	b	sein	b

d) Kreuzreim (a b a b)

5 a) ◯ In dem Text „Von der Kakaobohne zur Schokoladentafel" geht es um die leckerste Nascherei, die Schokolade.
(Nicht gelungen: Textsorte nicht genannt; eigene Meinung „leckerste Nascherei" darf nicht vorkommen.)

b) ⓧ Der Sachtext „Von der Kakaobohne zur Schokolade" handelt davon, was mit den Kakaobohnen direkt nach der Ernte passiert und welche Einzelschritte in einer Fabrik zur Herstellung einer Schokoladentafel notwendig sind.
(Gelungen: Textsorte, Titel und Thema werden genannt; sachlicher Stil.)

c) ◯ Wie Schokolade hergestellt wird, das erklärt dir der Sachtext „Von der Kakaobohne zur Schokoladentafel".
(Nicht gelungen: Ungenaue Wiedergabe des Themas; persönliche Anrede darf nicht vorkommen.)

6 **1. Behauptung: Schülerportale im Internet sind gefährlich.**

a) ◯ Daten können immer missbraucht werden.
b) ◯ Ich chatte nur mit meinen Freunden.
c) ⓧ Es besteht die Möglichkeit, dass meine Daten ohne mein Einverständnis weitergeleitet und für von mir nicht gewollte Zwecke missbraucht werden.

2. Behauptung: Ein Auslandsjahr verbessert die Fremdsprachenkenntnisse.

a) ◯ Wenn man täglich die Vokabeln übt, dann klappt das auch ohne Auslandsjahr.
b) ⊗ Das tägliche Gespräch mit beispielsweise Engländern oder Franzosen verfestigt Vokabel- und Grammatikkenntnisse.
c) ◯ Ich finde es toll, in der Sonne oder am Meer zu lernen.

7 **a)** Bei dem Text handelt es sich um einen **Leserbrief**. Es wird die eigene Meinung dargelegt und zu einem Thema kritisch Stellung genommen. Der Text ist sachlich und im Präsens verfasst. Die Merkmale der anderen Textsorten treffen auf den vorliegenden Text nicht zu.

Bericht: sachlich, keine eigene Meinung oder Wertung, Präteritum
Nachricht: kurz, sachlich, keine eigene Meinung
Reportage: Gefühle und Einzelheiten ausführlich beschrieben, Tempuswechsel, oft szenischer Einstieg, anschauliche Darstellung, wörtliche Rede möglich

b) a) ◯ Tierquälerei an Autobahnrastplätzen (Thema nicht genau benannt)
b) ⊗ Überfüllte Tierheime
c) ◯ Härtere Bestrafung für Hundebesitzer (Forderung, kein Thema)

c) a) ⊗ Sie ist für eine härtere Bestrafung der Tierbesitzer.
b) ◯ Sie kann die herzlose Einstellung der Tierbesitzer nicht verstehen. (Das ist kein Standpunkt.)
c) ◯ Sie möchte, dass mehr Tierheime gebaut werden. (Stimmt nicht.)

8 **Gib dir für jede richtige Zuordnung 1 Punkt.**

Wortfeld: **weinen**: jammern, seufzen, klagen, schluchzen
Wortfeld: **flüstern**: wispern, tuscheln, murmeln, hauchen
Wortfeld: **gehen**: humpeln, pirschen, watscheln, hasten, schlendern, tippeln, schleichen, rennen, krabbeln
Wortfeld: **machen**: schreiben, fotografieren, verreisen, schneiden, zeichnen, nähen, blödeln, frisieren

9 **a), b)**

a) langweilig – interessant	(A)	k) gelingen – misslingen	(A)
b) besitzen – haben	(S)	l) Geiz – Sparsamkeit	(S)
c) neu – alt	(A)	m) verlieren – gewinnen	(A)
d) begrüßen – verabschieden	(A)	n) Knabe – Junge	(S)
e) Auto – Wagen	(S)	o) mischen – mixen	(S)
f) aufwecken – wachrütteln	(S)	p) Möhre – Karotte	(S)
g) Eile – Hast	(S)	q) frostig – eisig	(S)
h) Essen – Mahlzeit	(S)	r) eintreffen – ankommen	(S)
i) Hall – Klang	(S)	s) trennen – ablösen	(S)
j) Rückstand – Vorsprung	(A)	t) intelligent – klug	(S)

Zähle deine Punkte zusammen und trage deinen Punktwert in die Tabelle ein. Wenn du unterhalb des kritischen Punktwertes liegst, kannst du in der letzten Spalte ablesen, auf welchen Seiten du Erklärungen und Übungen findest, die dir weiterhelfen.

Bereich	Aufgabe	Gesamtpunktzahl	dein Punktwert	kritischer Punktwert	Übe ab
Nachricht, Bericht, Reportage	1	3		2	Seite 80 Seite 82
Ballade und Gedicht	2	4		17	Seite 85
	3	4			
	4b	1			
	4c	12			
	4d	1			
Inhaltsangabe	5	1		0	Seite 91
Stellung nehmen – Argumentieren	6	2		1	Seite 94
Leserbrief	7a	1		0	Seite 96
	7b	1			
	7c	1			
Sich sprachlich gut ausdrücken	8	25		58	Seite 98
	9a	20			
	9b	20			

Übungsteil ab Seite 80

1 Geeignete Schlagzeilen:

b) Karl Torschuss neuer Trainer beim FC Freischuss
(Nachricht; Frage *Wer? Was? Wo?* werden beantwortet)

d) Kleinlaster verliert Leergut – Autobahn zwei Stunden gesperrt
(Nachricht; Fragen *Wer? Was? Wo?* werden beantwortet)

e) Bauersbach: Klingelnder Kuh erfolgreich Handy aus Bauch geholt
(Nachricht; Fragen *Wer? Was? Wo?*)

g) Mit 200 Kindern bisher höchste Teilnahme bei dem Kleestädter Malwettbewerb zu verzeichnen
(Nachricht; Fragen *Wer? Was? Wo?*)

Ungeeignet:

a) Oma macht den besten Apfelkuchen

c) Es ist an der Zeit

f) Spanien: Sommer, Sonne, Strand und Meer

2 Ferienspiele gingen zu Ende

Bummelhausen. Die gemeinsamen Ferienspiele der Stadt Bummelhausen und Fuchsbach gingen gestern traurigerweise zu Ende. Traditionell wurde in der Fußballerhütte am Feldplatz ein großes Abschlussfest aller Teilnehmer gefeiert. Darauf hatten alle Gruppen mit ihren Betreuerinnen und Betreuern hingearbeitet, Dekorationen gebastelt und sich Tänze und einmalige Sketche ausgedacht. Eingeladen dazu waren die Eltern und Großeltern der Ferienspielkinder.

Die unterstrichenen Stellen enthalten Wertungen, die nicht in eine Nachricht gehören. In einer Nachricht darf der Autor seine eigene Meinung nicht äußern.

3 Löwenkopf heimlich davon gehoppelt

Butzbach. Aus der Tierhandlung ist gestern kurz nach 14.00 Uhr ein Löwenkopfkaninchen ausgebüxt. Das Kaninchen läuft schon den ganzen Morgen aufgeregt im Käfig hin und her. Weil es offensichtlich verhindern wollte, durch den Verkauf von seinen Geschwistern getrennt zu werden, nutzt es unbemerkt die Gelegenheit, auf die Fußgängerzone zu fliehen, als der Käfig gereinigt wurde. Das Kaninchen flüchtete in den benachbarten Gemüseladen. Der Ladenbesitzer fand das Kaninchen in einer Salatkiste sitzend und an einem Salatblatt knabbernd, als er einem Kunden davon verkaufen wollte. Wäre er nicht an die Kiste gegangen, dann hätte der Löwenkopf mehr von seiner Ware beschädigen können. Die Besitzerin der Tierhandlung war über den Fund ihres Kaninchens sichtlich überrascht, aber auch erleichtert, dass das Tier keinen großen Sachschaden angerichtet hatte.

Statt im Präsens muss das Geschehen, von dem berichtet wird, im Präteritum wiedergegeben werden.
Statt *läuft*: **lief**
Statt *nutzt*: **nutzte**

4 **b)** Einleitung: Zeile 1–8 (Mach dir keine Sorgen [...] entscheiden.)
Hauptteil: Zeile 8–25 (Ich öffne [...] im Leben sei.)
Schluss: Zeile 26–27 (Auf dem Nachhauseweg [...] zu haben.)

c) **Einleitung:** Gesamteindruck / Zusammenhang wird dargelegt; Spannungsbogen wird aufgebaut.
Hauptteil: Ablauf des Ereignisses (des Vorsingens) wird genau erzählt.
Schluss: Einzelbeobachtung wird dargelegt; der Leser wird angeregt, darüber nachzudenken, dass der Einstieg in eine Musikerkarriere sehr anstrengend ist.

d) 1) Zeile 2: Beruhigt nehme ich die Worte meines Freundes zu Herzen, [...].
2) Zeile 10 f.: Zwar habe ich etwas weiche Knie, [...].
3) Zeile 14: [...] wird mir schwindelig vor Aufregung.
4) Zeile 17: Voll konzentriert blende ich meine Ängste aus [...].
5) Zeile 18 f.: Strahlend gehe ich nach vorne [...].
6) Zeile 19: Euphorisch renne ich aus dem Saal [...].

5 **a)** Vers 17–26 musst du unterstreichen.

Der König rief mit stolzem Blick;
Der Diener eilt und kehrt zurück.

Er trug viel gülden Gerät auf dem Haupt;
Das war aus dem Tempel Jehovahs geraubt.

Und der König ergriff mit frevler Hand
Einen heiligen Becher, gefüllt bis am Rand.

Und er leert ihn hastig bis auf den Grund
Und rufet laut mit schäumendem Mund:

„Jehovah! dir künd ich auf ewig Hohn –
Ich bin der König von Babylon!"

b) a) ◯ Siegesfest von König Belsazar und seinen Gefolgsleuten
(Nicht das Fest steht thematisch im Vordergrund.)
b) ◯ Stolz und Ansehen des Königs Belsazar
(Die negativen Folgen des Stolzseins werden in dieser Formulierung nicht deutlich.)
c) ⓧ Untergang Babylons am Beispiel des Königs Belsazar.
(Die Folgen der Überheblichkeit des Königs werden genannt; besonders der negative Ausgang der Ballade [Tod des Königs] und der damit verbundene Zerfall des gesamten Königreiches wird durch das Wort „Untergang" verdeutlicht.)

c) a) Wo spielt die Ballade? In Babylon, im Schloss von König Belsazar; im Königsaal
b) Welche Personen sind beteiligt? König Belsazar und seine Knechte / sein Gefolge

d) *Folgende Gesichtspunkte solltest du bei deinen Antworten berücksichtigt haben:*
1) König Belsazar und sein Gefolge feiern ausgiebig.
2) König Belsazar beginnt im angetrunkenen Zustand, über Gott (Jehova) zu lästern.
3) Eine Geisterhand erscheint und schreibt mit Feuer eine Schrift an die Wand.
4) Deutungsversuche der Schrift sind erfolglos.
5) Belsazar wird in dieser Nacht von seinen Knechten ermordet.

e) a) ○ Heines Ballade „Belsazar" handelt von einem König namens Belsazar, der wegen seiner Überheblichkeit sterben muss.
(Zu ungenau; Belsazar ist mehr als überheblich; Was macht er genau?)

b) ⓧ In Heines Ballade „Belsazar" geht es um einen König namens Belsazar, der über Gott lästert und dem daraufhin eine nicht zu deutende Schrift erscheint, die seine Knechte dazu bringt, ihn zu ermorden.
(Alle wichtigen Inhaltspunkte werden genannt.)

c) ○ Heines Ballade „Belsazar" erzählt von einem König namens Belsazar, dem eine nicht zu deutende Schrift an der Wand erscheint und der deshalb von seinen Knechten umgebracht wird.
(Zu ungenau; der Grund, weshalb die Schrift erscheint fehlt; der Zusammenhang zur Mordtat wird nicht deutlich.)

6

Am grauen Strand, am grauen Meer	x x́ x x́ x x́ x x́
Und seitab liegt die Stadt;	x x́ x x́ x x́
Der Nebel drückt die Dächer schwer,	x x́ x x́ x x́ x x́
Und durch die Stille braust das Meer	x x́ x x́ x x́ x x́
Eintönig um die Stadt.	x x́ x x́ x x́

Name des Metrums: **Jambus**

7

Hinter eines Baumes <u>Rinde</u>	**a**
wohnt die Made mit dem <u>Kinde</u>.	**a**
Sie ist Witwe, denn der <u>Gatte</u>,	**b**
den sie hatte, fiel vom <u>Blatte</u>.	**b**
Diente so auf diese <u>Weise</u>	**c**
einer Ameise als <u>Speise</u>.	**c**

Name des Reims: **Paarreim**

8

A Eduard Mörike (1804–1875):	B Sarah Kirsch (*1935):
klassisch	modern
Reim (abba = umschließender Reim)	kein Reim
Metrum (x́ x = Trochäus)	kein regelmäßiges, festes Metrum

9 **Eduard Mörike:**

(X) Das jährliche Wiederkehren des Frühlings
(Inhalt wird vollständig erfasst; das Wort Frühling findet sich auch im Gedicht wieder; das Personalpronomen „Er“ in der Überschrift bezieht sich auch auf das Wort Frühling.)

◯ Erwachen der Natur
(Zu allgemein; das Gedicht beschreibt ausdrücklich die Jahreszeit Frühling.)

◯ Beobachtung der Natur
(Zu allgemein; mit diesem Thema könnte auch eine Beobachtung von Tieren oder Landschaften gemeint sein. Es kann aber genau gesagt werden, was beobachtet wird.)

◯ Der Duft des Frühlings
(Zu allgemein; nicht nur die Geruchswahrnehmungen gehören zum Frühling, sondern auch das Wachsen von Blumen oder die Änderung des Wetters.)

Sarah Kirsch:

(X) Untergang der Natur und der Lebewesen
(Inhalt gut verdeutlicht, da nicht nur die Bäume, sondern auch die Lebewesen, die auf den Bäumen leben, genannt werden. Dass die Bäume sterben oder vernichtet werden, belegt das Wort „Untergang“.)

◯ Lebewesen auf dem Baum
(Zu ungenau; verdeutlicht auch nicht die negative Stimmung des Gedichts.)

◯ Das Sterben eines Baumes
(Zu ungenau; bezieht sich nur auf einen Baum und nicht wie im Gedicht auf „Bäume“; dass mit dem Verschwinden der Bäume auch auf ihm lebende Lebewesen verschwinden, findet sich hierbei nicht wieder.)

◯ Die Aufgabe von Bäumen
(Zu allgemein; könnte auch die Überschrift eines Sachtextes sein; Stimmungsbild der Zerstörung wird nicht deutlich; nur Bäume werden genannt und nicht die Lebewesen.)

10 **b)** a) ◯ In der Kurzgeschichte „Nasen kann man so und so sehen“ von Ingrid Kötter geht es um ein 14-jähriges Mädchen namens Irina, das sich ständig im Spiegel betrachtet und kein Selbstwertgefühl hat.
(In dieser Einleitung ist das Thema zu ungenau formuliert. Die Frage, warum sich Irina im Spiegel betrachtet und kein Selbstwertgefühl hat, ist hier unklar.)

b) (X) Die Kurzgeschichte „Nasen kann man so und so sehen“, geschrieben von Ingrid Kötter, handelt von der 14-jährigen pubertierenden Irina, die sich für ihre große Nase schämt und wegen ihres Aussehens kein Selbstbewusstsein besitzt.
(Die Einleitung enthält alle wichtigen Angaben wie Titel, Textart, Autor und die Thematik in einem Kernsatz. Sie ist auch für jemanden verständlich, der den Text nicht kennt.)

c) ◯ „Nasen kann man so und so sehen“ ist eine Geschichte, in der ein Mädchen nur wegen ihrer komischen Nase und einem Pickel keine Lust hat auf eine Klassenfeier zu gehen.
(Diese Einleitung nennt die Textart und den Autor nicht. Außerdem wird die eigene Meinung („nur wegen ihrer komischen Nase“) geäußert und eine Wertung vorgenommen. Die Kernaussage der Kurzgeschichte wird nicht erfasst.)

c) a) ⓧ Ingrid Kötter möchte insbesondere jungen Lesern verdeutlichen, dass Schönheit nicht an bestimmten und einzelnen Merkmalen festzumachen ist, sondern immer im Auge des Betrachters liegt. Jeder Mensch hat eine andere Sichtweise, einen anderen Blickwinkel und definiert Schönheit anders.
(Das eigentliche Thema „Schönheit", um das es in der Kurzgeschichte geht, wird genannt. Es wird nicht ausschließlich auf das Beispiel Nase bezogen. Es wird erklärt, wie Schönheit verstanden werden sollte.)

b) ◯ Ingrid Kötter möchte insbesondere jungen Lesern verdeutlichen, dass eine große Nase kein Grund ist, sich hässlich zu fühlen oder sich vor dem Freundeskreis und der Außenwelt zu verstecken.
(Zu speziell auf das Problem einer großen Nase ausgerichtet, zu ungenau.)

c) ◯ Ingrid Kötter möchte insbesondere jungen Lesern verdeutlichen, dass ein äußerliches Merkmal wie eine zu große Nase einen Menschen dazu bringen kann, sich vor anderen zu verstecken.
(Hier wird nur darauf hingewiesen, welche Folgen das äußerliche Merkmal „große Nase" haben kann, nämlich die Scham und das Verstecken vor der Außenwelt / Gesellschaft.)

11 **a)** a) **T** Der tägliche Genuss von Fast Food ist ungesund und macht dick.
b) **A** Jemand mit Handyvertrag gerät eher in die Schuldenfalle als jemand mit einer Prepaid-Karte, weil die Kosten nicht direkt ersichtlich sind.
c) **T** Marie ist der Ansicht, dass ein leerer Magen dazu führt, dass mehr Lebensmittel als nötig im Einkaufswagen landen.
d) **A** Auch Erwachsene, die sich als Schüler ausgeben oder falsche Angaben zu ihrer Person machen, nutzen diese Foren oder Portale, um bewusst mit Jugendlichen zu chatten.
e) **A** Das tägliche Zeitungslesen führt dazu, dass man sich eine eigene Meinung zu aktuellen Themen bilden kann.
f) **B** Bereits jeder dritte Jugendliche im Alter von 14 Jahren hat Schulden.
g) **T** Schülerportale bergen Gefahren in sich.
h) **A** Nur so kann das richtige Einteilen des Geldes während eines bestimmten Zeitraums erlernt werden.
i) Fernsehen ist blöd. (Subjektive / persönliche Aussage)
j) **T** Lesen bildet.
k) **B** Die zehnjährige Lisa ist bereits in der Lage, pro Tag nicht mehr als einen Euro auszugeben.
l) **A** In den USA ist die Fettleibigkeit der Menschen zum echten Gesundheitsproblem geworden.
m) **T** Die regelmäßige Gabe von Taschengeld fördert den sinnvollen Umgang mit Geld.
n) **B** Untersuchungen der Universität Braunschweig haben bewiesen, dass Verbraucher mit leerem Magen 43 % mehr Lebensmittel einkaufen.
o) **T** Das Verschicken von SMS führt in die Schuldenfalle.

b) c) T → n) B
j) T → e) A
m) T → h) A → k) B
o) T → b) A → f) B

12 **a)** **Einleitung** Zeile 1f. (Liebe […] erschienen ist.)
aktueller Anlass wird aufgegriffen, Bezug auf Artikel

Hauptteil Zeile 2–15f. (Es ist schade […] gestört fühlen könnten.)
Sachverhalt wird dargelegt; Bewertungen vorgenommen

Schluss Zeile 16f. (Die lange Wartezeit […] hingehen lassen kann.)
Schlussfolgerung wird gezogen, eindeutige Stellungnahme abgegeben

b) 1. „kinderfeindlichen"; Zeile 4: beleidigende Formulierung
2. „profitierten", Zeile 7: falsches Tempus, stattdessen „profitieren" (Präsens)
Zeitformen Präsens verwenden

13 a) Synonym für „sich erkundigen" → fragen
b) Antonym von „Frau" ↔ Mann
c) Antonym von „traurig" ↔ fröhlich
d) Antonym von „sinnlos" ↔ sinnvoll
e) Synonym für „Erfindung" → Entdeckung

14 a) Der Polizist (sagt) **erklärt** dem Fußgänger den Weg zum Bahnhof.
b) Mein Bruder (sagt) **behauptet**, er könne mindestens zehn Hamburger in fünf Minuten essen.
c) „Pst! Wir wollen uns den Film ansehen", (sagen) **flüstern** die Kinder zu ihrer Mutter.
d) „Im städtischen Tierpark hat es heute Morgen einen bärigen Nachwuchs gegeben", (sagt) **berichtet** der Reporter.
e) „Lasst uns heute bei dem schönen Wetter ins Schwimmbad gehen", (sagt) **schlägt** Marie ~~**zu**~~ ihren Freundinnen **vor**.
f) „Deine Mitarbeit war heute besonders gut", (sagt) **lobt** Bastians Lehrerin.

Abschlusstest Seite 100 – 105

Gib dir im Abschlusstest für jede richtige Antwort 1 Punkt.

1 a) ⓧ Eine Nachricht fasst in aller Kürze und Sachlichkeit die W-Fragen zu einem aktuellen Ereignis zusammen.
b) ⓧ Bereits in der Überschrift (Schlagzeile) einer Nachricht sind die wichtigsten Informationen enthalten.
c) ◯ Da die Nachricht Aktualität besitzt, schreibst du sie immer im Präsens.
d) ◯ Ein Bericht ist in seiner Ausführung im Hauptteil genauer als die Nachricht, sodass er auch Interviews und Zitate einbeziehen muss.
e) ⓧ Hintergründe und Folgen zum Ablauf des Geschehens oder Sachverhalts werden neben allen anderen W-Fragen im Hauptteil des Berichts besonders berücksichtigt.
f) ⓧ Deine eigene Meinung hat weder im Bericht noch in der Nachricht aufzutauchen. Beide Texte werden in einer sachlichen, genauen und knappen Sprache verfasst.
g) ⓧ Eine Reportage dagegen enthält die persönliche Sichtweise des Berichtenden, betont aber auch die Tatsachen. Deshalb bezeichnest du sie auch als tatsachenbetonten Erlebnisbericht.
h) ◯ Die Reportage hat ein offenes Ende, da sie den Leser zum Nachdenken anregen möchte.
i) ⓧ Spannung sowie erzählende und informierende Abschnitte werden mit einer lebendigen und anschaulichen Sprache aufgebaut und gestaltet.
j) ⓧ In einer Reportage darfst du die wörtliche Rede verwenden.
k) ◯ Eine Reportage hat meistens keine Überschrift, da der Leser direkt ins Geschehen gestellt wird.
l) ◯ Zitate von Fachpersonen oder Interviewteile solltest du nicht verwenden, da die Reportage sonst zu sehr an einen wissenschaftlichen Text erinnert.

2 **b) Vers 25 – 32**

„Ich liebe dich, mich reizt deine schöne Gestalt;
Und bist du nicht willig, so brauch ich Gewalt." –
Mein Vater, mein Vater, jetzt faßt er mich an!
Erlkönig hat mir ein Leids getan! –

Dem Vater grauset's, er reitet geschwind,
Er hält in den Armen das ächzende Kind,
Erreicht den Hof mit Mühe und Not;
In seinen Armen das Kind war tot.

c) a) ◯ Goethes Ballade „Erlkönig" erzählt von einem Vater, der mit seinem Sohn durch die Nacht reitet.
(Bezug zum Titel fehlt; unter welchen Bedingungen / warum reiten die beiden durch die Nacht?)
b) ⓧ In Goethes Ballade „Erlkönig" geht es um einen Vater, der mit seinem schwer erkrankten Sohn, dem in Fieberfantasien die Natur in Gestalt des Erlkönigs erscheint, eilig durch die Nacht reitet.
(Dieser Einleitungssatz fasst den gesamten Inhalt der Ballade zusammen.)

c) ◯ Goethes Ballade „Erlkönig“ zeigt, mit welcher Macht Natur und Naturvorgänge sich gegen einen Vater und seinen kranken Sohn richten.
(Der Bezug zum Titel ist nicht gegeben; zu allgemein formuliert.)

d) ◯ Goethes Ballade „Erlkönig“ erzählt von einem Vater, der mit seinem kranken Sohn im Arm durch die Nacht reitet und dem der Erlkönig begegnet.
(Hier wird nicht deutlich, ob der Erlkönig eine Person oder eine Erscheinung der Natur ist, die nur in der Fantasie / im Fieberwahn des Jungen existiert.)

d) Wer reitet so spät durch Nacht und Wind? **a**
Es ist der Vater mit seinem Kind; **a**
Er hat den Knaben wohl in dem Arm, **b**
Er faßt ihn sicher, er hält ihn warm. **b**

Name des Reims: **Paarreim**

3
a) x x x́ = Anapäst
b) x x́ = Jambus
c) x́ x = Trochäus
d) x́ x x = Daktylus

4
a) ⓧ Eine Inhaltsangabe gliederst du nach der klassischen Aufsatzform in Einleitung, Hauptteil und Schluss.
b) ⓧ Du schreibst eine Inhaltsangabe im Präsens. Für Geschehnisse vor der eigentlichen Handlung verwendest du das Perfekt.
c) ◯ In der Inhaltsangabe darfst du zur Glaubhaftigkeit wörtliche Rede aus der Textvorlage verwenden.
d) ◯ Im Schlussteil erwähnst du deinen Standpunkt zum Textinhalt.
e) ◯ Versuche beim Schreiben einen Spannungsbogen aufzubauen, damit der Leser neugierig bleibt.
f) ⓧ Im Hauptteil informierst du ausführlich, indem du die W-Fragen berücksichtigst.
g) ⓧ Du solltest dich in deiner Sprache klar und sachlich ausdrücken.

5
a) ⓧ Du argumentierst, um jemanden von deiner Meinung zu überzeugen.
b) ◯ Nur deine Meinung zählt, sodass das Nennen von Fakten oder Statistiken überflüssig ist.
c) ◯ Deine Behauptung, die du aufstellst, musst du aber immer mit einem persönlichen Beispiel begründen, damit sie deinem Gegenüber glaubhafter erscheint.
d) ⓧ Eine Argumentation / Stellungnahme folgt dem Schema:
Behauptung – Argument(e) – Beispiel(e).
e) ⓧ Argumente sind begründete Meinungen, die du z. B. durch Fakten, Statistiken oder Zitate von Experten belegen und stützen kannst.
f) ⓧ Beim Schreiben beginnst du damit, dass du deine Meinung (These) zu einem bestimmten Thema darlegst.
g) ◯ Wenn du im Hauptteil alle Argumente mit Beispielen belegt hast, dann beendest du deine Stellungnahme immer mit einer Frage an den Leser. Schließlich soll er ja zum Nachdenken angeregt werden.

6 a) Als Grundlage für deinen Leserbrief brauchst du einen Zeitungs- oder Zeitschriftenartikel, denn schließlich möchtest du dich zu einem dargestellten Sachverhalt äußern, diesen ergänzen oder kritisieren. ✓

b) Der Sachverhalt ist allerdings nicht das Wichtigste, sondern deine persönliche Meinung steht im Vordergrund. Du musst ihn also nicht genau wiedergeben. Schließlich kann jeder den Ausgangsartikel lesen.

c) Formulierungen wie „die Bürgermeisterin sah bei diesem Anlass wie eine Wurst in der Pelle in ihrem Hosenanzug aus" oder „das Essen war eine schreckliche Zumutungen und Unverschämtheit für jeden verwöhnten Gaumen" darfst du verwenden, da du so deine persönliche Meinung unterstreichst.

d) Du gliederst deinen Leserbrief wie jede klassische Aufsatzform in Einleitung, Hauptteil und Schluss. Der ausführlichste Teil ist natürlich der Hauptteil, da du hier den Sachverhalt mit seinen Hintergründen darstellst. ✓

e) In der Einleitung solltest du unbedingt den Bezug zum ausgewählten Artikel herstellen und deine Beweggründe, die dich dazu veranlasst haben, den Leserbrief zu schreiben, nennen. Also die Warum-Frage ist hier zu klären. ✓

f) Der Schluss dient dazu, ein Fazit zu ziehen, Forderungen zu stellen oder in aller Deutlichkeit das persönliche Anliegen dem Leser mitzuteilen. Hier nimmst du eindeutig Stellung. ✓

g) Den Leserbrief verfasst du in der Zeitform Präteritum, da du dich ja auf einen bereits veröffentlichten Artikel beziehst.

h) Sprachlich solltest du darauf achten, dass du sachlich bleibst und den Sachverhalt nachvollziehbar formulierst. Trotz der Faktendarstellung gibst du aber auch deinen eigenen Standpunkt wieder. Denn das zeichnet den Leserbrief als eine Form der Stellungnahme aus. ✓

7 **a)** Wortfeld **sehen**: erblicken, beobachten, umsehen, hinstarren, beachten
Wortfeld **fahren**: brausen, tuckern, gondeln, sausen, kutschieren, flitzen
Wortfeld **kaputt**: unbrauchbar, verfault, zerbrochen, zerlöchert, eingeschlagen
Wortfeld **essen**: kosten, verspeisen, schmatzen, genießen, kauen, knabbern

b)

a) stark ↔ schwach	f) Sonne ↔ Mond
b) gerade ↔ schief	g) gefälscht ↔ echt
c) wellig ↔ flach / glatt	h) links ↔ rechts
d) leer ↔ voll	i) Hund ↔ Katze
e) Mädchen ↔ Junge	j) laut ↔ leise

Rechne wieder deine Punkte zusammen. Liegst du in einem Bereich immer noch unterhalb des kritischen Punktwertes, wiederhole diesen Bereich einfach noch einmal.

Bereich	Aufgabe	Gesamtpunktzahl	dein Punktwert	kritischer Punktwert	Wiederhole ab
Nachricht, Bericht, Reportage	**1**	7		6	Seite 80 Seite 82
Ballade und Gedicht	**2b**	8		12	Seite 85
	2c	1			
	2d	1			
	3	4			
Inhaltsangabe	**4**	4		3	Seite 91
Stellung nehmen – Argumentieren	**5**	4		3	Seite 94
Leserbrief	**6**	5		4	Seite 96
Sich sprachlich gut ausdrücken	**7a**	26		30	Seite 98
	7b	10			

Grammatische Fachausdrücke

Adverbiale Bestimmung (auch: das Adverbiale / Adverbial)	Satzglied: Umstandsbestimmung
Adjektiv	Eigenschaftswort *(schön, hell, fröhlich)*
Adverb	Umstandswort *(morgens, dort, gestern)*
Adverbialsatz	Nebensatz, der anstelle einer adverbialen Bestimmung steht
Akkusativ	4. Fall (Frage: *Wen* oder *was?*)
Akkusativobjekt	Satzglied: Ergänzung im 4. Fall (Frage: *Wen* oder *was?*)
Aktiv	Handlungsform des Verbs: Tatform *(er lobt)*
Antonyme	Wörter mit entgegengesetzter Bedeutung *(hell – dunkel)*
Apposition	nachgestellter Beisatz
Artikel	Geschlechtswort; Begleiter von Nomen *(der, die, das; ein, eine, ein)*
Attribut	Beifügung (Satzgliedteil)
Dativ	3. Fall (Frage: *Wem?*)
Demonstrativpronomen	hinweisendes Fürwort *(dieser, diese, dieses …)*
Futur	Zukunft *(ich werde schreiben)*
Genitiv	2. Fall (Frage: *Wessen?*)
Genus	grammatisches Geschlecht: Maskulinum (männlich), Femininum (weiblich), Neutrum (sächlich)
Hauptsatz	Satz, der sinnvoll allein stehen kann und keinem anderen Satz untergeordnet ist
Hilfsverben	Verben, die das Vollverb bei der Bildung der zusammengesetzten Zeiten unterstützen *(haben, sein, werden)*
Imperativ	Aussageweise des Verbs: Befehlsform *(Schreibt mit!)*
Indefinitpronomen	unbestimmtes Fürwort *(etwas, alle, einige, jeder …)*
Indikativ	Aussageweise des Verbs: Wirklichkeitsform *(er schreibt)*

indirekter Fragesatz	Nebensatz, der mit Fragewörtern *(wie, wann, wer, ob …)* eingeleitet wird
Infinitiv	Grundform (Nennform) des Verbs *(lachen, rufen)*
Infinitivsatz	Nebensatz, der mit einem erweiterten Infinitiv gebildet wird
Konjunktion	Bindewort *(und, oder, sowie, während, obgleich, sondern …)*
Konjunktionalsatz	Nebensatz, der durch unterordnende Konjunktionen eingeleitet wird *(als, während, bevor, wenn, da, weil, wenn, obgleich …)*
Konjunktiv I und II	Aussageweise des Verbs: Möglichkeitsform *(er schreibe / schriebe / würde schreiben)*
Konsonant	Mitlaut *(b, c, d, f, g …)*
Modalverben	Verben, die die Art und Weise einer Handlung näher bestimmen *(können, dürfen, müssen, mögen, wollen, sollen)*
Modus	Aussageweisen des Verbs (Indikativ, Konjunktiv, Imperativ)
Nebensatz	untergeordneter Satz, der nicht sinnvoll allein stehen kann und meist von einem Hauptsatz abhängt
Nomen *(*Substantiv*)*	Hauptwort, Namenwort *(Hund, Katze, Maus)*
Nominalisierung	Umwandlung in ein Nomen *(treffen – das Treffen)*
Nominativ	1. Fall (Frage: *Wer* oder *was?*)
Numerus	grammatische Zahl: Singular (Einzahl), Plural (Mehrzahl)
Objekt	Satzglied: Ergänzung im Genitiv, Dativ oder Akkusativ (Fragen: *Wessen?*, *Wem?*, *Wen* oder *was?*)
Objektsatz	Nebensatz, der die Funktion des Objekts (im Dativ, Akkusativ, Genitiv) übernimmt
Parenthese	eingeschobener Hauptsatz (Schaltsatz)
Partizip Perfekt	beschreibt einen abgeschlossenen Vorgang *(getrocknete Tomaten)*; wird auch Partizip II genannt
Partizip Präsens	beschreibt einen sich gerade ereignenden Vorgang *(das laufende Verfahren)*; wird auch Partizip I genannt

Partizipialsatz	Nebensatz, der mit einem erweiterten Partizip gebildet wird
Passiv	Handlungsform des Verbs: Leideform *(er wird gelobt)*
Perfekt	vollendete Gegenwart *(ich habe geschrieben)*
Personalform	Verbform, durch Person und Numerus bestimmt *(ich lache)*
Plusquamperfekt	vollendete Vergangenheit *(ich hatte geschrieben)*
Prädikat	Satzglied: Satzaussage
Präposition	Verhältniswort *(an, bei, auf, unter …)*
Präsens	Gegenwart *(ich schreibe)*
Präteritum	Vergangenheit *(ich schrieb)*
Pronomen	Fürwort *(ich, du, mein, dein, mich, dich …)*
Reflexivpronomen	rückbezügliches Fürwort *(mir/mich, dir/dich, sich, uns, euch, sich)*
Relativpronomen	bezügliches Fürwort *(der, die, das; welcher, welcher, welches)*
Relativsatz	Nebensatz, der durch Relativpronomen *(der, die, das …)* oder Relativadverbien *(wo, wodurch …)* eingeleitet wird
Satzgefüge	Verbindung aus Hauptsatz und einem oder mehreren Nebensätzen
Satzglieder	Bausteine des Satzes (Subjekt, Prädikat, Objekt, Adverbial)
Satzreihe	Verbindung aus zwei oder mehreren Hauptsätzen
Subjekt	Satzglied: Satzgegenstand (Frage: *Wer* oder *was?*)
Subjektsatz	Nebensatz, der die Funktion des Subjekts übernimmt
Superlativ	Steigerungsstufe von Adjektiven *(am höchsten)*
Synonyme	Wörter mit gleicher oder ähnlicher Bedeutung *(Apfelsine – Orange)*
Tempus	Zeitform des Verbs
Verb	Tätigkeitswort, Zeitwort
Vokal	Selbstlaut *(a, e, i, o, u …)*